U0746000

社会主义核心价值体系建设

"双百"出版工程

项目

/ 100 位

新中国成立以来感动中国人物 /

草原英雄小姐妹

孔德生 / 编著

★

吉林文史出版社

《100位新中国成立以来感动中国人物》丛书

★★★★★

编 委 会

前　言

　　每个人的心中都多少有一点英雄情结，都向往英雄、景仰英雄。也正因此，在中华人民共和国建国六十周年之际，由中央十一部委联合组织开展的"100位为新中国成立作出突出贡献的英雄模范人物和100位新中国成立以来感动中国人物"的评选活动中，群众参与投票总数近一亿。这其中的每一张选票，都表达了人们对英雄模范的崇敬之情，寄托着对伟大祖国的美好祝福。

　　一个民族不能没有英雄，否则这个民族就不会强大。当国家危难之时，懦弱者选择了逃避、妥协甚至投降，英雄们却挺身而出，用热血捍卫民族的尊严，人民的幸福。在创立和建设新中国的伟大历程中，涌现出无数可歌可泣的英雄模范人物。他们之中，有为了民族独立和人民解放而英勇牺牲的革命先烈，有为了党和人民的事业而不懈奋斗的优秀共产党员，有在全民族抗战中顽强奋战、为国捐躯的爱国将士，有英勇杀敌的战斗英雄和革命群众，有积极从事进步活动的著名民主爱国人士和国际友人……他们是民族的脊梁、祖国的骄傲，是激励全体人民团结奋斗的精神力量。

　　《100位新中国成立以来感动中国人物》丛书，就像一部星光璀璨的英雄谱，真实、完整地记录了英雄模范人物不平凡的一生，再现了他们非凡的人格魅力和精神世界。舍身堵枪眼的黄继光，拼命也要拿下大油田的王进喜，中国原子弹之父邓稼先，新时期领导干部的楷模孔繁森……一串串闪光的名字，一个个动人的故事，犹如群星闪烁，光耀中华。

　　当今中国正处于伟大变革的时代，迫切需要涌现出一大批勇于承担历史使命、为祖国和人民奉献一切的先进人物。在"双百"人物崇高精神的引领下，在建设社会主义现代化国家的征程中，必将英雄辈出。

生平简介

龙梅，1952年生，玉荣，1955年生，蒙古族，内蒙古乌兰察布盟达茂旗人，中共党员。

蒙古族少女龙梅与玉荣是一对小姐妹，姐妹俩一家是1960年从老家辽宁阜新过来的，过来以后第二年分到牧区，落户在内蒙古自治区包头市达尔罕茂明安联合旗新宝力格公社那仁格日勒生产大队。那时候是困难时期，羊是集体财产，所以全家人都很珍惜。1964年2月9日（农历腊月二十六），姐妹俩替父亲出去放牧集体的羊群。因遭遇突袭的暴风雪，她们追随羊群，与暴风雪搏斗了一昼夜，直到筋疲力尽，昏倒在雪地里。10日上午，几近冻僵了的龙梅、玉荣被当地牧民哈斯朝禄发现后，及时送往矿区医院抢救。经过院方一天一夜的全力抢救，姐妹俩终于脱离了生命危险，但却因此落下了严重的终身残疾。

自治区人民政府主席乌兰夫亲笔题词，高度赞扬她们大公无私的拼搏精神，号召全区青少年向"草原英雄小姐妹"学习。她们的英雄事迹，通过新闻媒体传遍了全国各地，艺术界又将她们的事迹搬上了银幕舞台。

在党和政府的关怀下，1969年龙梅入伍，1976年转业到地方，曾任包头市东河区人大常委会副主任、东河区政协主席等职，现退休。1974年玉荣被保送到内蒙古师范学院，毕业后参加工作，曾任内蒙古自治区残疾人联合会副理事长、自治区政协办公厅副主任等职，现任自治区政协民族与宗教委员会主任。

近半个世纪以来，草原英雄小姐妹的名字享誉大江南北，她们的光辉事迹蜚声海内外。作为集体主义精神的楷模成为一代代青少年学习和工作的榜样，塑造了一代一代的少年儿童，成为爱国主义、集体主义的光辉典范。2009年9月14日，龙梅和玉荣被评为"100位新中国成立以来感动中国人物"。

1952-
1955-

[CAOYUANYINGXIONGXIAOJIEMEI]

◀草原英雄小姐妹

目录 MULU

■草原英雄　时代楷模（代序）　/　001

■最美的花朵　/　001

草原姊妹花　/　002
龙梅和玉荣生长在一个普通牧民家庭，姐妹俩不
仅聪明美丽，而且勤劳质朴，是人们公认的一对
"草原姊妹花"。

勇斗风雪　/　005
1964年2月9日－10日，龙梅和玉荣在遭遇突然袭来
的暴风雪时，临危不惧，为保护集体的羊群，不顾个
人安危，忍受饥渴严寒，与狂风暴雪苦苦搏斗一天
一夜，在冰天雪地的旷原上奔走70多里，终于保全
了集体的羊群。

■草原英雄　/　017

姐妹获救　/　018
在龙梅和玉荣生命濒危之际，得到了哈斯朝禄和铁
路工人的救助。在矿区医院的全力救护下，小姐妹
转危为安，但身体却落下了严重的终身残疾。

英雄命名 / 025
鉴于龙梅和玉荣的英勇行为和突出贡献，内蒙古自治区党委授予龙梅和玉荣"草原英雄小姐妹"光荣称号。经《人民日报》大力宣传，小姐妹成为闻名全国的少年英雄。

■平凡人生 / 033

党的培养 / 034
在党和政府的亲切关怀下，"草原英雄小姐妹"分别参军入伍，上大学深造，并很快走上了领导岗位。

恋爱婚姻家庭 / 036
相比玉荣的情感生活，龙梅的恋爱婚姻充满了传奇色彩。如今，小姐妹的家庭都十分美满幸福。

在工作岗位上 / 050
虽然身为英雄，又是较高级别领导干部，但小姐妹特别谦和，在平凡岗位上勤勤恳恳，兢兢业业，工作业绩突出，深受群众好评。

苦痛藏心底 / 055
小姐妹因为严重冻伤，留下了终身残疾。但是，几十年来，她们把苦痛藏在心里，以常人难以想象的毅力，坚强乐观地工作着生活着。

姐妹情深 / 057
龙梅、玉荣小姐妹二人与暴风雪搏击，同生死共患难，成就了英雄美名。此后，她们出双入对，同荣辱共进退，姐妹之情非同寻常。

■英雄本色 / 061

自我体认 / 062

小姐妹认为自己就是普通人而不是什么英雄,自己所做的都是应该做的,党和人民给予自己的实在太多太多了,回报社会回报人民是她们的最大心愿。

民众印象 / 067

在广大群众的心目中,小姐妹平易近人,谦虚谨慎,勤勉敬业,热心公益,是真正的平民英雄。

■老姐妹弘扬新精神 / 075

教育后人 / 076

作为一个时代的英雄模范人物,小姐妹深感自己责任重大,经常奔走于全国各地,通过多种形式,向广大青少年进行宣讲,教育年轻一代爱国家爱集体,树立正确人生观价值观,健康成长早日成才。

回报社会 / 084

作为公众人物,小姐妹深感自己获得的太多而贡献的太少。如今,她们正确运用自己的名人身份,打造品牌优势,热心公益事业,为青少年教育和家乡招商引资而辛勤努力着。

星光无限 / 100

她们的非凡表现，赢得了党和人民的高度认同。小
姐妹获得了国庆观礼、全国青年精英、全国人大代
表、全国政协委员、奥运火炬手、感动中国人物等
诸多荣誉，可谓星光四射。

■**英雄精神影响深远** / 105

红色经典 / 107

小姐妹的英雄事迹，以动画片、连环画、儿歌、琵琶曲、
京剧、舞剧、木偶剧等多种文艺形式展示出来，近半个
世纪以来广为传唱，成为永不褪色的红色经典。

名扬四海 / 113

小姐妹超乎寻常的勇敢坚强的意志品格，爱祖国爱
集体的精神境界，影响了一代人，成为全国尽人皆
知的人物。"精神无国界"，他们的事迹也传到了世
界许多国家，感染了众多异国人民的心。

精神的力量 / 118

时代在变迁，但真正的精神是永恒的，是永远不
会过时的。"草原英雄小姐妹"精神教育了一代代
人，又通过他们的言行得以弘扬，使得我们的社会
更加美好。这就是精神的力量。

■**后记　英雄不老　精神永恒** / 127

草原英雄　时代楷模(代序)

　　集体主义精神是爱国主义精神的重要内容，是社会主义核心价值体系的具体体现，全国各族人民在长期的社会发展过程中形成了爱祖国、爱人民、爱集体、爱劳动的传统美德和思想感情。"草原英雄小姐妹"是集体主义精神的楷模，"草原小姐妹精神"充分体现了爱国主义和集体主义的特质。

　　1964年2月9日，小姐妹代替阿爸为生产队放羊，那时龙梅11岁，玉荣还不满9岁。中午时分，低垂的云层洒下了一串串的鹅毛大雪，怒吼着的狂风席卷着飞扬的雪花。刹那间，白毛风吞没了茫茫的草原：暴风雪来了! 龙梅和玉荣急忙拢住羊群，转身往回赶羊。但是狂风暴雪就像一道无形的墙，阻挡着羊群的归路，羊群顺风乱窜。龙梅和玉荣就这样拦挡一阵，跟着跑一阵。再继续拦挡，再跟着跑，不知拦挡了多少次，也不知道跑了多长时间。从中午开始一直到第二天天亮，姐妹俩整整奔跑了70多里路，奋斗了20多个小时。寒冷，恐惧，饥饿，疲劳，责任感全部集中在了两个小姑娘身上。跑丢了鞋子却浑然不觉，双腿冻成了冰坨子的妹妹玉荣终于昏倒在雪地上，奄奄一息，姐姐龙梅勉强支撑着跟在羊群后面，神情恍惚。幸好牧民哈斯朝禄父子俩及时发现了她们，全力抢救，姐妹俩才安全脱险。但由于冻伤严重，龙梅失去了左脚拇指，玉荣右腿膝关节以下和左腿踝关节以下做了截肢手术。内蒙古自治区党委授予她们"草原英雄小姐妹"光荣称号，共青团中央在当年3月20日写信表扬她们的高尚行为，同时热烈祝贺她们加入了中国少年先锋队，《人民日报》以"最鲜艳的花朵"为题报道了她们的感人事迹。一时间，二人成为家喻户晓的英雄人物。

龙梅和玉荣是牧区成长起来的英雄少年，她们有着严格的家教，从小受到父母的良好熏陶，为其成长成才奠定了坚实的思想基础。在天气突变，作为集体财产的羊群遭遇危险的危急时刻，她们热爱集体、无私无畏、勇斗风雪、挺身而出的可贵精神和意志品质，得到了充分体现，成为全国人民特别是广大青少年学习的好榜样。

在党和政府的亲切关怀下，龙梅光荣入伍，转业后历任包头市东河区人大常委会副主任、东河区政协主席等职，玉荣被保送到内蒙古师范学院学习，毕业后历任自治区残联副理事长、自治区政协办公厅副主任、民族与宗教委员会主任等职。姐妹俩曾当选为第四、第五届全国人大代表，玉荣曾是团十一大、十二大代表。

作为公众人物，姐妹俩从不以英雄自居，而是低调做人，热情平和，认真工作，爱岗敬业。同时，严于律己的她们也与时俱进，充分发挥自己的身份效益，热心从事公益事业，为家乡经济发展出谋划策，竭尽全力，使"草原英雄小姐妹"精神在新世纪新时代得到了进一步弘扬。2008年，姐妹俩光荣地成为北京奥运会火炬手。2009年，龙梅和玉荣被评为"100位新中国成立以来感动中国人物"。

最美的花朵

→ 草原姊妹花

★★★★★

　　龙梅和玉荣生于 20 世纪 50 年代，从小就是在严格的劳动教育和集体主义思想教育中成长的。她们刚刚懂事的时候，我国农村已经实现集体所有制的人民公社制度了，因此她们没有受过个人私有观念的沾染。在她们幼小的心灵上，"公社的"和"我们的"是同一个概念，公社的羊就是她们的命根子。小姐妹不仅聪明伶俐，美丽大方，而且勇敢善良，质朴勤快，是人们公认的"草原姊妹花"。

　　她们的阿爸吴添喜系长工出身，1960 年带着一家人从辽宁阜新迁往内蒙古，1961 年分到牧区，在包头市达尔罕茂明安

△ 童年照片

联合旗新宝力格公社那仁格日勒生产大队落
户。因为那时候是困难时期，羊是集体财产，
所以全家人都很珍惜。

　　作为家长，吴添喜对子女的教育一直是很
严格的。1963 年夏天，有一次龙梅放羊时不
小心，丢了一只羊羔。回家后母羊一个劲儿地
叫，才发现小羊没了，龙梅也不知道是什么时

候丢的、在哪儿丢的。阿爸狠狠地批评了她："你放的是公社的羊，集体的财产，怎么能马马虎虎呢? 马上回去找! 今天必须把小羊羔找回来，找不回来别想进家门! "当时已是日落天黑时分，吴添喜的妻子呼达古拉看见女儿一个人向草原走去，心软了，她要陪女儿一同去找羊。吴添喜当即阻止说："让她一个人去找，这样对她有好处。"倔强的小龙梅，一个人摸黑走出几里路，终于从草丛中把羊羔找了回来。

同样是 1963 年，夏季多雨，村西边的苏敏郭勒河常常发大水，在那一带放牧是很危险的。可是，河两岸草长得最茂盛，为了叫羊群吃到好草，龙梅和玉荣常常把羊赶到那里去放牧。妈妈放心不下，每次出牧时都要叮咛一句："遇到大雨时千万注意，别叫洪水把羊冲走了。"这一天，艳阳高照，姐妹二人边放羊边采鲜花，她们给自己和喜爱的小羊都戴上了用五颜六色的野花编成的花环。正在姐妹俩有说有笑、时舞时唱的时候，天突然变了! 龙梅和玉荣一看天气要变，便马上赶着羊群离开河岸。她们没走多远，乌云已压顶而来，电闪雷鸣，下起了滂沱大雨。羊群受惊了，向四处乱跑，龙梅和玉荣冒着狂风暴雨，使尽全力，将羊群聚拢回来。"可能要发大水! ""把羊群赶到高坡上去。"小姐妹机智地把羊群赶上一座丘陵。羊群刚找到一个避风的地方停下脚，忽然从河滩那里传来哗哗的水声，她们回头一看，只见凶猛的山洪淹没了那片草场。她们在没有大人的情况下，在暴风雨中保住了羊群。

姐妹俩站在丘陵上，激动得紧紧拥抱在一起。

→ 勇斗风雪

★★★★★

1964 年 2 月 9 日，农历腊月二十六，草原上家家户户都在为迎接春节而忙碌着。这一天早晨，龙梅和玉荣刚起床，阿爸就被另一家牧民请去粉刷房子。龙梅和玉荣很高兴，因为只有爸爸外出，才可以由她们俩去放羊。

用过早茶后，她们赶忙把家里包放公社的 384 只羊放出圈来。才生下小妹妹五个月的阿妈不放心，走出屋来嘱咐她们："今天天气不太好，不要远走，阿爸中午回来就去接你们。"被邻居们称为"牧羊姑娘"

△ 风雪中的小姐妹（绘画）

的小姐妹十分自信地回答："阿妈放心吧，我们又不是第一次放羊。"然后，高高兴兴地赶着羊群出发了。

10点钟左右，羊群来到离村只有二里多地的草滩，但这里的草早已被那些不能远走的牲畜啃光。

两个小姑娘一心想把公社的羊放好，只要羊儿吃得到好草，她们不怕走远路，便不顾母亲"不要远走"的叮嘱，赶着羊群向草原深处走去。大草原上北风阵阵，羊儿不能顶风停立，只得顺着风低头寻食着枯草。见此情景，姐妹商量道："风大，羊难以停脚，叫羊顺风吃草吧，走远一点也不怕，反正阿爸中午就来找我们。"于是，二人赶着羊群又向远处进发了。如果她们不离开村边草滩，或者不顺风向远走，无论后来天气如何变化，都将平安无事。

过不多时，大概中午 12 点钟的时候，天气突然变化，刚才还晴好的天空转眼间乌云翻滚，狂风呼啸，暗淡无光，一场暴风雪就要来临了。玉荣向姐姐建议，咱们赶紧把羊群往回赶。她们当时离家也就四五里，顶着风往回赶的过程中雪越来越大，白毛旋风，特别厉害。可乌云狂风惊动了羊群，几百只羊尖叫着向四面八方跑散。龙梅和玉荣全力聚拢羊群，可被来势凶猛的风暴吓坏了的羊怎么也不肯往一块儿靠拢。两个小姑娘摘下皮帽，脱下皮袄，拿在手里不停地甩动，但无济于事。龙梅顶风对妹妹说："风暴太猛，赶快往家赶！"两个人分开，一东一西赶撵羊群，但风实在太大了，羊儿连身子都转不过去，羊群顺着风势跑了下去。龙梅理智地做出了判断和选择："这雪越来越大，羊肯定拦不住了，你赶紧回家把阿爸叫来！"

小玉荣立即接受任务，迎着风雪，往家的方向跑去。风大，雪深，跑几步，跌一跤，当她好不容易跑出两三百米，跑到一座小丘上，再回过头来看姐姐时，只见龙梅一个人孤立无援，在几百只羊中间左右奔跑着，首尾难顾，眼看着羊群就要散了！小玉荣清楚暴风雪里羊跑散群就会冻死的严重后果，想到这里离家较远，如果把阿爸找来，姐姐和羊群找不见怎么办。因为家教比较严厉，她们从小就懂得羊是集体的财产，阿爸阿妈也时常教育她们"放羊一定要放好，因为羊群是集体的财产，是牧民的命根子"。想到这些，她顾不上去叫阿爸，又拼命地向羊群折跑回来。见玉荣跑了回来，龙梅惊奇地问道："你怎么还不快去找阿爸？"玉荣干脆地回答："咱俩谁也不能离开羊群！"

此时，她们离家只有四五里路，如果丢下羊群不管，她们完全有时间也有精力，可以安安全全地跑回家。但是，龙梅和玉荣没有那样做，她们头脑中根本没有想过丢弃羊群独自回家，占据她们整个思想的就是一定要想办法保住羊群！护住公社的羊！

暴风雪越刮越猛，刮得羊群像棉花团儿似的滚动着。龙梅和玉荣奔跑着、拦挡着、喊叫着，左左右右、前前后后地照管着被风雪吹得时聚时散的羊群。不知不觉间，夜幕降临了。空旷的大草原上，不仅风雪没有丝毫减弱，而且漆黑的夜色笼罩，几步以外就什么也看不见。龙梅和玉荣怕分开后失散，便并肩走在羊群前头，可是在风雪中羊不听话，羊群拉得很宽，小姐妹商量决定采取有分有合的办法拦羊，她们分开走一会儿，把羊拢一拢，再到一块儿走，过一会儿再分开。可两个人一分开就看不见对方了，她们只好不停地呼喊着对方的名字。边拦羊，边喊话，摸着黑，顶着风雪奔跑，跌倒了，再爬起……

这是入冬以来天气最冷、风雪最大的一天。夜深了，草原上气温竟然下降到 -37℃！两个孩子的脸上、手上、背上汗水和雪片凝成了一层冰片，但是她们依然咬紧牙关，一步不离羊群，翻过了一坡又一坡。"玉荣！"龙梅还在喊着，但没有听见妹妹的回答。龙梅着急，一面呼喊，一面向妹妹拦羊的方向跑去寻找。然而，尽管龙梅跑遍了整个羊群，也找不见妹妹的影子。她沿着原路往回跑出几丈远时，才听到玉荣声音极其微弱地喊："姐姐！"龙梅喊着问："你在哪儿？""我在这儿，在这儿！"好大工夫，龙梅才在深雪坑里发现了忙着拦羊，失足掉进了没顶深的雪坑里的玉荣。雪坑太深，龙梅伸手去拉却够不着，她赶紧把羊杈递了过去，好不容易才把妹妹救了出来。小玉荣爬出雪坑，顾不上打掉身上的冰雪，就往羊群跑去。在龙梅搭救玉荣的当儿，羊群已离她们远去了，她俩手拉着手，深一脚浅一脚地又向羊群追去。

龙梅在追赶羊群的路上，忽然发现雪地上躺着一个东西，上前仔细察看，才知是她们的一只羊被冻死了。她对玉荣说："这是公社的羊，冻死了也得把羊皮交给公社。我先把它背到一个高坡上放下，等以后再来拉走，你先去拢住羊群。"龙梅背着的那只冻死的羊，是去年春天生的羊羔，姐妹俩特别喜爱它，还给它起了个绰号叫"小兔子"。没想到它今天被冻死了，龙梅把它背到有明显标记的小坡上放好，难过地站了一会儿，便又转身追赶羊群去了。龙梅赶上羊群时，高兴得不得了。玉荣人小本事大，不知道用了什么办法，竟把几百只羊全部圈在一个洼地里了。

"姐姐，风小些了，羊停下了，咱们也喘口气吧。"玉荣说着拉住龙梅在雪地上坐了下来。"你冷吗？"姐姐让妹妹紧靠在胸前，用袖口擦去挂在妹妹前额上的冰珠。"我不冷。姐姐，咱们现在到什么地方啦？""不知道。反正离村很远很远了。"羊群中的小羊受不住冻，直往龙梅、玉荣的皮袄底下钻；她们脱下皮袄，一半披在自己身上，一半披在小羊身上。龙梅因体力消耗较多，困倦地躺在雪地上，说着说着昏过去了。小玉荣见姐姐不说话，以为是睡着了，她给姐姐把皮袄披得严实一些，一个人轻轻站起来，比任何时候都更加认真地巡视起羊群来。

风势渐渐又大起来了，羊群也重又开始骚动起来。小玉荣想叫姐姐多睡一会儿，便独自跑去阻拦几只刚刚离群的羊。可没想到，她刚刚追上，一阵狂风却一下把整个羊群惊动了！小玉荣东奔西跑，全力阻截，但毫不见效，羊群又开始顺着风往前走了下去。玉荣见势不好，忙喊："姐姐！姐姐！"可惜，龙梅没有听见。当龙梅过了一阵猛然苏醒过来时，羊群和妹妹都不见了！龙梅迅速爬起，放开嗓子叫喊玉荣，妹妹却无影无踪。她悔恨自己不该睡过去，急得直跺脚。幸亏她昏过去的时间不长，跑出不算太远，就找见了玉荣和羊群。"你为啥不喊我一声？"龙梅生气地问玉荣。"姐姐，你刚才睡……"小玉荣把话说了半截儿，突然惊叫着抱住了龙梅："姐姐，你把皮袄丢在哪儿了？""刚才我醒来，一看你和羊群都没了，急得爬起来就跑，大概把皮袄掉在咱们歇脚的那个地方了。""我去给你找来。"小玉荣说罢撒腿就往回跑。不一会儿，她果然把姐姐的皮袄找回来了。

她们已经完全迷失了方向，不知道行走

在什么地方、已是什么时间，她们只有一个想法，就是绝不放走羊群。午夜时分，风更紧了，雪也更大了，月亮依然被铁板似的乌云遮得没有一点光亮。两个孩子已经一天一夜没喝一滴水、没吃一粒米了。此时，哪怕有一颗水果糖也好啊！雪，卷天连地的雪，包裹了山丘河川。羊背上驮的是雪，两个牧羊姑娘身上也是雪。大雪稍停，奔跑了一天的羊群精疲力竭，追赶它们的两个小姑娘力不能支。夜幕之下，狂风暴雪之中，两个小姑娘眼角的泪水瞬间结成冰凌。她们出来没有带吃的，只是离家的时候，因为快过年了，阿妈给她们一人带了几块糖。小玉荣那时小，嘴馋，没多久，她的那份糖就吃光了，又跟姐姐要。龙梅费了好大劲儿才从白茬皮袄下棉袄兜里把糖块掏出来。她小心翼翼剥开糖纸，咬了一小半，将剩下大半个糖块塞入妹妹嘴里。直到40多年后，龙梅和玉荣依然难忘那个暴风雪之夜一颗小小水果糖的甜美，感慨"再没吃过那么甜、那么解渴又顶饿的糖"。

她们以难以想象的毅力坚持着、搏斗着。正在这时，忽然远处隐约地闪动着几点光亮。"啊，灯光，有人家了！"在冰天雪地的黑夜长久迷失方向的两个孩子，在暴风雪中搏斗得精疲力竭了的两个孩子，在漫长的一天一夜没吃一粒米、没喝一滴水的两个孩子望着远处的灯光，不约而同地狂喊起来。"把羊往灯光那儿赶！"姐妹二人立刻去拨转羊群。可暴风雪中的羊变得暴躁异常，你越往回拨，它越往前跑，离灯光就越远了。龙梅担心再往前走，灯光就会看不见了，妹妹年纪小，肯定会被冻坏。她对妹妹说："我守在这儿，你到那个人家去看看，叫他们来帮我们，或者，你在那儿歇歇，等暖和暖和再来。"小玉荣坚定地说："不，留你一个人，羊群跑散怎么办？只要你受得住，我也不怕。"羊群，公社的羊群，在她们看来比自己的生命更宝贵！她们就是为了公社的羊群，才抵御得住暴风雪的袭击和饥寒劳累的折磨！漫漫长夜，狂风暴雪，望见一处灯光是她们最好的也是最后的机会了，但是她们谁也没有丢下羊群去找那灯火人家。

龙梅和玉荣出去放牧以后，她们的母亲呼达古拉随着天气的变化，心里也焦急不安起来。暴风雪到来时，她把一个刚满五个月和一个才两岁的孩子放在家里，跑到村口草滩去找龙梅和玉荣而没有找到，心急如焚。情急之下，她径直跑到大队党支书家里，把两个女儿失踪的消息告诉了支书妻子阿迪娅。身患重病的阿迪娅一听，觉得事情严重，顾不上锁家门，关牛栏，甚至没换上一件皮袍，就和呼达古拉一起直奔南草滩跑去。

阿迪娅和呼达古拉跑到南山坡时，龙梅、玉荣的阿爸吴添喜也赶来了。原来他给那家牧民刷完房子，就见天气要变，他没顾上喝一口茶，就急急忙忙赶回家来。当看见屋里边只有两个最小的孩子在炕上，吴添喜知道出了事情，跨出家门，一路上小跑着赶到了这里。

他们三个人简单商量了一下，决定让呼达古拉回家照顾两个孩子，并回村去把孩子们失踪的消息告诉其他牧民；吴添喜和阿迪娅奔向风雪弥漫的草原，分头去找龙梅和玉荣。他们一边走，一边放声呼喊两个孩子的名字。呼达古拉回到村里以后，龙梅、玉荣和羊群失踪的消息，惊动了每个牧民。蒙古族社员敖其尔、乌力吉巴雅尔、宝音合什格，汉族社员刘二五，以及大队兽医巴图和后来闻讯赶来的党支部书记丹斯仍等人，兵分几路，驰向雪原。

真是天公不作美！当龙梅和玉荣在深夜看见灯光的时候，吴添喜正好来到了离两个女儿只有二里路的那个有灯火的人家门口。那是白云鄂博矿区的养猪场，吴添喜跑了一天一夜没有结果，就到那里询问是否看见两个小孩和一群羊。而当吴添喜走进去时，龙梅和玉荣却早已走远了。

龙梅和玉荣跟随羊群来到白云鄂博矿区附近，已经是第二天早上八九点钟的时候，姐姐扫着妹妹身上的雪，姐妹俩全身都让雪埋住了。此时，风雪减弱了一些，她们也大约跑出了70多里，羊群走得慢了，两个小姑娘的脚步也变得沉重了。忽然，玉荣跌了一跤，龙梅在伸手扶她的刹那间，猛然发现玉荣脚上的毡鞋没有了，两只脚成了冰柱，脚板上拖着厚厚的大冰坨子！龙梅万分心疼地问："你的靴子呢？"小玉荣也愣了，当时她浑身麻木根本没感觉到脚疼，便一本正经地说："不是穿在脚上吗？可暖和呢！"那哪里是什么靴子，分明是冻成了大冰坨子的腿和脚！龙梅含泪捧起玉荣的两只脚问："你的毡靴是什么时候丢的？"这时，小玉荣才低下头去看自己的脚，一眉头的疑惑不解。从她那脚板上的冰坨子的厚度看来，丢掉毡靴的时间已经不短了，或许整夜的时间她都是在赤脚奔跑着。

龙梅走出了几百米，好不容易找回来一只，但玉荣怎么也穿不进去。龙梅捧着玉荣的两脚，不忍放下手去。看见妹妹冻成这个样子，她心如刀割，她决意让自己挨冻，把毡鞋脱下来给妹妹穿上。但是，当她伸手脱鞋时才发觉，她的毡靴也跟脚粘在一起了，怎么脱也脱不下来。她又想扯碎自己的皮袄给妹妹裹脚，但十个指头早已冻得像木头似的，几乎都不能打弯了。龙梅看见妹妹冻得这样严重，就拿定主意将妹妹安放到一个避风的地方去。她费力地把玉荣背起来，一步一步向附近一块卧牛石旁走去。这时候羊慢慢往前走，玉荣说："姐姐，你哪能背动我，我坐在这儿，你去把羊拢回来。"当她们终于来到卧牛石旁的时候，玉荣耗尽了自己最后一点力气，安然地倒下去，轻轻地闭上了两眼。

"只要人在，羊群就在"的信念，使她们坚持着在大草原上奔走了一天一夜，没吃没喝。饥寒交迫，令姐妹俩疲惫不堪，虚弱至极。正在这时，远处传来火车的鸣叫声。龙梅这才知道已经来到铁路附近。她担心羊会被火车轧死，就让妹妹躺在卧牛石旁，把自己的大衣也脱下来给妹妹盖上，然后顽强地支撑着身体向羊群走去。

草原英雄

➔ 姐妹获救

★★★★★

　　龙梅听到有火车声确实是真的，原来她们已经来到矿工城镇白云鄂博的火车站附近。这天是 1964 年 2 月 10 日，哈斯朝禄和儿子那仁满都拉送客人到白云鄂博火车站后，领着一条大黑狗步行往家里走去。当哈斯朝禄、那仁满都拉二人跨过一条铁路还没走出二里地的时候，哈斯朝禄首先看到了在离他们不远的地方有一个羊群。他们二人急急忙忙跑到羊群跟前，才知这不是他们的羊。他想这肯定是顺风跑来的大队的羊群，于是，父子二人决定赶羊。可是，羊群说啥也不动了，而且哈斯朝禄在羊群里发现了两只死羊。没有办法，哈斯朝禄只好先把死羊背着送到了火车站。当他重新赶回来时,发现羊群旁边除了他的儿子那仁满都拉,又多了一个小孩子。这是一个十一二岁的女孩。两个脸颊已经冻成冰包了,身子也已冻僵,连话都说不出来了。"这是你的羊吗?"哈斯朝禄问。那孩子勉强点头。"你是谁的孩子?""添……喜……""是你一个人放羊吗?"哈斯朝禄问。"……姐……"姑娘只把手往西一抬,指了指后面,意思是后面还有她的姐姐。这个姑娘就是龙梅。当时由于她已经冻僵,神志不清了,把妹妹玉荣说成是姐姐。

还有一个小女孩留在暴风雪里! 快组织人去找! 哈斯朝禄急忙说:"我也是娜仁格日勒大队的,快跟我走! 到火车站暖和暖和后我再去找你姐姐! "哈斯朝禄左肩上背着年货,右手牵着龙梅,往火车站走去,后面跟着满都拉。哈斯朝禄领着龙梅和儿子走进了火车站扳道室,向值班员王福臣说明这是在野外放羊迷路的孩子,还有一个孩子在野外,需要去找她。进了屋之后,哈斯朝禄想先给龙梅脱靴子,可龙梅的靴子和脚已经冻在一起了,如果再用劲拽,就有把脚也拽出来的可能。于是,哈斯朝禄把龙梅放在床上,上面盖了一层军大衣。

龙梅暂时得救了,可她的妹妹玉荣还在野外。哈斯朝禄心急地问王福臣:"怎么办呢? 野外还有一个小孩子。如果不及时抢救找回,就有生命危险。你们铁路方面能不能给予援助? "这时,扳道室里进来了四五个铁路工人。他们很热心,不但给龙梅用雪搓了脸和脚,而且答应到野外去找玉荣。

哈斯朝禄从扳道室出来，冒着风雪往二里之外的达茂旗办事处跑去，但找不到人，便又走了一里地来到白云鄂博邮电局，但电话打不通。哈斯朝禄赶到矿区党委办公大楼，终于与矿区医院联系上了："喂，矿区医院吗？我叫哈斯朝禄，牧区的。有两个孩子昨天放牧从家里

△ 小姐妹的救命恩人哈斯朝禄

出来后迷路失踪了，现在找到了一个，另一个还没找到。你们速派救护车过来，我在矿区党委楼等你们呢！"过来上班的矿区区长伍隆听了哈斯朝禄的汇报，十分着急，立即往有关部门打电话，很快部署了抢救工作。伍隆领哈斯朝禄赶到矿区党委书记巴音都仍的办公室，巴书记说："我已经派两人上山找孩子去了。"

　　哈斯朝禄去找有关部门以后，在扳道室的张仁贞、王振山等多位铁路工人已经上山寻找玉荣去了。他们分成两路，跑出几里以外；在卧牛石旁，张仁贞发现了小玉荣。她已经被雪埋住了，只留下一个小脑袋在外面。张仁贞和王振山等从深雪里将她扒出来，轮换地背着抱着，用最快的速度跑回扳道房。忽然之间，扳道室的门被推开，进来几位自己也快冻僵的工人，其中一个人抱着玉荣。已经晕倒的玉荣闭着眼睛，一只脚没有穿靴子，结了一层厚厚的冰。工人们说，当他们找到玉荣的时候，玉荣已经晕倒在野外，身子也已被大雪埋没，他们只见了她的头发才找到的。"这孩子的腿，连骨髓都冻了！怎么办吧？"大家正心急的时刻，区长伍隆坐汽车赶了过来。他进门就说："快送医院！上我的车！"

　　龙梅、玉荣和羊群失踪的消息，惊动了生产队冬营地上的每一个牧民。人们纷纷向着茫茫雪原奔去。可是，一昼夜过去了，两个孩子仍然不见踪影。人们对两个孩子不幸的遭遇都感到痛心，孩子的妈妈更是哭得死去活来。正在大家万分焦虑的时候，公社党委书记龙涛骑马赶来告诉大家："两个孩子得救了，正在矿区医院里。384 只羊仅仅冻死了 3 只。"当龙梅、玉荣在白云鄂博火车站被搭救的喜讯传到两个孩子的家乡时，她们的阿妈呼达古拉高兴得流着泪说："感谢共产党、感谢工人老大哥救了我的孩子们！"牧民们闻讯之后，个个喜出望外，公社干部立即骑马前去矿区医院慰问。公社副社长苏合、生产大队长宝音陶克吐连夜赶到医院探望两个孩子。在龙梅、玉荣住院期间，矿区党委还几次派汽车把她们的父母接来医院探望。

2 月 10 日早晨，当龙梅和玉荣被寻找她们的人们发现时，几乎冻僵了。她们立即被送进当地的包钢白云鄂博铁矿医院进行抢救。在白云鄂博矿山医院里，抢救生命的战斗，正处在最紧张的时刻！

两个孩子伤势十分严重。龙梅的诊断记录这样写着："患儿龙梅，入院时表情淡漠，不能言语，手指手背肿胀明显，触之冰凉坚硬，无明显压痛；两脚尚在毡靴内，与鞋冻在一起无法脱下。"诊断为：全身冻僵、冻伤性休克及肾功能障碍。玉荣的诊断记录写道："患儿玉荣，入院时呈昏迷状态。双耳肿胀，有水泡形成；眼睑浮肿，瞳孔对光反应迟钝；两小腿自膝关节以下皮肤呈紫色，踝关节以下呈黯黑色，表面有冰层附着，足背两侧动脉消失。"诊断为：全身冻僵，上下肢冻伤面积 28.5%，冻伤性休克及肾功能障碍。经过两个小时的抢救，凝结在两个孩子身上的冰层才开始脱落，她们的神志也渐渐清醒了。但是，龙梅的双脚自踝关节以下已经发黑了，右侧动脉冻僵；玉荣两只小腿三分之一处以下都呈黑色，双侧动脉僵硬，两脚已达三度至四度冻伤。这种情况预示着病人立即会进入休克状态，她们的生命还处在危险之中。

下午6时，玉荣又开始昏迷，全身发汗，心脏跳动微弱，血压逐渐下降，脉搏也听不见了。血压计上水银柱的数字从80、50、21直降到10以下。下午7时许，她进入了休克状态。经过两次注射葡萄糖和肾上腺素以后，她的血压逐渐回升，输血以后，血压开始稳定。

医院里充满极度紧张的气氛，大夫、护士们虽然已经连续紧张地工作了几个小时，但他们没有一个人离开工作岗位。一幅长长的红布标语挂了出来，上写："抢救小英雄，学习小英雄！"人们屏住呼吸，注视着两个孩子的变化。夜里10点钟，玉荣睁开了机灵的眼睛，她终于脱险了！夫妻俩看到两个女儿得救，噙着激动的眼泪对医生们说："要是在旧社会，两个小闺女早就没命了，她们的生命是党和毛主席救活的。"进行抢救的医务人员、守在旁边的党政负责同志，这才松了一口气。

龙梅在输液以后也清醒了，她睁开了眼睛，慢慢地环视了一下四周，轻轻舔了舔干裂的嘴唇，好像要说什么话，白云鄂博矿区党委巴书记躬下身用蒙古话问她："你觉得怎样？"龙梅轻轻地说："这是哪儿？我的羊群还在不在？您知道吗？""羊群在，你放心吧！"

　　巴书记用激动得颤抖的手抚摸了一下龙梅的头，转过身来，向在场的不懂蒙古语的大夫、护士们说道："你们知道她说了什么？小小的孩子，用自己生命保住了羊群，而她刚刚从昏迷中苏醒过来，第一句问的就是：'我的羊群呢？'这是真正的英雄啊！"听了巴书记的话，在场的人都被这两位小姐妹公而忘私的精神深深感动了，流下了热泪。

　　据新华社呼和浩特 1964 年 3 月 11 日电讯：在内蒙古北部草原最近的一次暴风雪中，为保护集体的羊群，受了严重冻伤的达尔罕茂明安联合旗新宝力格公社蒙古族牧民吴添喜的女儿龙梅和玉荣，得到党和人民政府无限的关怀，各族人民发扬了崇高的共产主义风格，以极大的努力挽救了这两个小英雄垂危的生命。这两个蒙古族小姑娘的英雄事迹传到了呼和浩特等地，受到了内蒙古党政机关和各地人民无限的关怀。经过各方支援抢救和医护人员的悉心护理，现在龙梅已经恢复健康，玉荣因冻伤较重正在继续治疗。

→ 英雄命名

☆☆☆☆☆

　　事情发生后的第三天，适逢总参的几位大校、上校到白云鄂博勘探地形，因为当时中苏关系紧张，他们来了解白云鄂博的运输能力等情况。陪同大校等人前来的是时任内蒙古自治区公安厅副厅长的布特格其。白云鄂博铁矿党委书记多云海在汇报本地工作情况以及民族关系的过程中，把龙梅、玉荣的事作为民族团结的例子向他们做了汇报。布特格其在陪客人回到青山招待所后，及时地将此事报告给专管政法的自治区党委副书记、副主席王再天。当天晚上，王再天的秘书传达王再天指示："这是一件很了不起的事情，是草原上出现的新事物，一定要保护好，我们将派出专门医疗队明后天即到。"

自治区党委给白云鄂博矿区党委、政府和白云鄂博铁矿党委下了指示：要尽量减少小姐妹身体的损伤，尽量不留下残疾。随后，内蒙古医院派外科大夫王占平、护士王桂兰来到白云鄂博铁矿医院，全力协助抢救龙梅、玉荣。抢救到第 17 天时，玉荣的两只脚逐渐变黑，两姐妹持续高烧不退，并且越来越严重。经 X 光检查，发现玉荣的脚踝骨骨节已脱开，肉开始腐烂，不得不做手术了，不残疾也不可能了。白云鄂博矿区党委、白云鄂博铁矿党委立即向自治区党委汇报了情况。自治区党委指示，要保住小姐妹的生命，尽量保留健全的有机肢体，减少损伤，同意手术。因此，王占平等大夫给玉荣做了手术。王占平是当时技术很高超的外科大夫，对这只脚是按照将来能够安装假肢的要求做的手术。截肢之后，年仅 9 岁的玉荣还不晓得发生了什么事情，天真地问护士："阿姨，我的脚呢？"大家都不忍心让这么小的孩子面对截肢的现实，哄她："现在给你窝回去了，过几天才能放开。"几天后，在换药的时候，玉荣看到自己的脚真的没有了，但她没有哭。龙梅冻掉了左脚的一个大拇脚指头，肢体保留得比较完整。

平素十分寂静的白云鄂博矿山医院的院落里，今天响起了少先队员们的长号声和鼓声，几百名少先队员穿着队服、系着红领巾排成队，聚集在住院处大楼前面的场地上，他们以嘹亮的童声唱着歌，悦耳的歌声穿过双层玻璃窗，传进了静静的、挂着淡蓝色窗帘的

病房。

　　病房里住着的，正是歌曲中所歌颂的那两位草原英雄小姐妹——达尔罕茂明安草原新宝力格公社蒙古族社员吴添喜的女儿、11岁的龙梅和9岁的玉荣。两位小姑娘正在午睡。歌声徐缓地传进了她们的梦乡。姐姐龙梅在歌声中醒来了。她以为是护士阿姨开了收音机呢，可再一细听，原来那歌声是从窗外传进来的。她很奇怪，便轻轻下床来，拉开窗帘往外一看，不由得喊了一声："玉荣，快来看，这么多的小朋友。"听见她们的说话声，护士阿姨走进病房来。小玉荣冻伤较重，还不能自己走动，一见护士就喊道："阿姨，快把我抱到窗前去。"这时站在楼下场地上的少先队员们也看见了小姐妹的身影，顿时，他们发出了有节奏的呼唤："龙梅你好！玉荣你好！"无数双小手举过了头顶，少先队员们在向英雄小姐妹致敬！无数管长号响了，少先队员们在向龙梅和玉荣问候！

在两姐妹的整个抢救过程中，自治区党委一直关心着小姐妹的治疗情况、经费等等，任何事情都要向自治区党委请示。手术后第四天，自治区党委要求将小姐妹送到内蒙古医院继续治疗。但是，如何送过去成为一个难题。汽车太颠，火车要换车。正在此时，铁路局一位副局长因此事坐专列到白云鄂博慰问救助小姐妹的铁路工人，正好用他的专列将小姐妹送到了呼和浩特，并立即送入内蒙古医院早已准备好的特殊病房。3月中旬，两位小姐妹乘坐专车，从白云鄂博到呼和浩特做进一步的治疗和休养。两位小英雄的事迹传播出去后，从全国各地给她们寄来了一千多封慰问信，两千多件慰问品，到医院探望她们的已有三千多人次。著名歌唱家胡松华说："1964 年，我来内蒙古体验生活，听说草原英雄小姐妹龙梅、玉荣冒着暴风雪昼夜保护集体的羊群被冻伤的事迹后，我跑到内蒙古人民医院（今内蒙古自治区医院），用歌声慰问她们。最后，我抱起她们，与她们合影留念。"

小姐妹转院到内蒙古医院后，伍隆区长曾多次去看望。第一次去的时候，荣军假肢厂要免费给玉荣做假肢，正在给玉荣量尺寸，并且准备按照少年、青年、中年、老年几个年龄段分别做几套假肢。小姐妹在呼和浩特治疗期间，国务院副总理、内蒙古自治区党委第一书记、内蒙古自治区人民政府主席乌兰夫在自治区党委副书记王再天等人的陪同下，于3月13日到内蒙古人民医院看望龙梅、玉荣。乌兰夫对龙梅、玉荣说："你们是草原的骄傲，是草原英雄小姐妹。你们做的是件好事。"随后，与小姐妹合影留念，并给两位小英雄亲笔题词："龙梅、玉荣小姊妹，是牧区人民在毛泽东思想教育下，成长起来的革命接班人。我区各族青少年努力学习她们的模范行为和高尚品质！"乌兰夫讲话和题词后，自治区党委发出通知，使"草原英雄小姐妹"的称号得到了正式命名。

　　布特格其向自治区党委汇报了龙梅、玉荣的事情后，自治区党委马上派新华社驻呼和浩特记者站的记者赵琦到白云鄂博采访。伍区长接待了他，向他介绍了当时的情况。赵琦回到

029
草原英雄

△ 乌兰夫（右一）赴医院看望小姐妹

呼和浩特后，以《暴风雪中一昼夜》为题的"草原英雄小姐妹"英雄事迹长篇通讯报道在 1964年 3 月 12 日的《人民日报》上发表,《光明日报》、《解放军日报》等全国五大报纸均做了转载（只不过在第一次报道中，她们的姓名就被搞错了。玉荣说：我姐姐的名字搞错了，我叫吴玉荣，姐姐叫吴龙衣，见报后，姓不见了，姐姐也变成龙梅了。叫的人多了，也就这样了。多年后，有一次我去台湾参加一个文化交流活动，过境时因姓"玉"，海关人员还怀疑百家姓中没姓"玉"的，后来我说是蒙古族，才过了关)。3月14日，《内蒙古日报》发表两个整版的有关"草原英雄小姐妹"的长篇通讯，并配发了社论和乌兰夫的题词，高度评价了她们的感人事迹。5月29日，《人民日报》以《最鲜艳的花朵》为题，发表了由著名蒙古族作家玛拉沁夫撰写的整整一版的长篇报告文学。3月27日，内蒙古艺术剧院京剧团首次排演京剧《草原英雄小姐妹》，乌兰夫等领导观看了首场演出。6月，在全国京剧现代戏观摩演出大会上，内蒙古京剧团演出的《草原英雄小姐妹》受到周恩来、罗瑞卿等党和国家领导人的一致好评。草原英雄小姐妹的事迹在全国传播开来，一时间，龙梅、玉荣成为全国典型人物。

3月16日，共青团内蒙古自治区委员会作出《关于在全区青少年中开展学习龙梅、玉荣模范行为和高尚品质活动的决定》，号召全区各族青少年学习蒙古族英雄小姐妹龙梅和玉荣的模范行为和高尚品质。决定说，蒙古族英雄小姐妹龙梅和玉荣在暴风雪中昼夜保护集体羊群的英雄事迹，为全区各族青少年树立了榜样。全区共青团员、少先队员和广大青少年，要学习她们顽强的精神，学习她们热爱人民公社、奋不顾身地维护集体财产的集体主义思想，以及热爱劳动、坚守劳动岗位的高尚品质。龙梅、玉荣的英雄事迹传播以后，自治区各地广大青少年受到了极大的鼓舞。呼和浩特市和包头市许多中小学校已经掀起了"学习英雄小姐妹，做革命接班人"的活动。许多小学通过主题队会、故事会、周会和黑板报、墙报、广播等各种形式，向各族少年儿童宣传龙梅、玉荣的英勇事迹。包头市第十八中学的学生还根据英雄小姐妹的事迹编排了话剧。许多青少年给龙梅、玉荣写了慰问信。共青团白云鄂博矿区委员会已决定接收龙梅、玉荣为中国少先队队员，矿区小学生兴高采烈地到医院去给两个小姐妹戴上了红领巾。

中国共产主义青年团中央委员会于1964年3月20日写信给共青团内蒙古自治区委员会转蒙古族小姑娘龙梅和玉荣，表扬她们最近在内蒙古达尔罕茂明安联合旗草原上的一次暴风雪中英勇保护集体羊群的高尚行为。信中说："你们这种为了集体利益，不怕困难、临危不惧、舍己为公的勇敢行为，表现了新中国少年儿童的优秀品质，对你们这种好行为、好品德特给予表扬。"信中并热烈祝贺她们最近参加了中国少年先锋队。

平凡人生

草原英雄小姐妹

→ 党的培养

★★★★★

　　龙梅、玉荣姐妹在医院先后住了七个多月，先是白云鄂博铁矿医院，最后转至内蒙古医院，最后到北京积水潭医院，在那里半年多，完全恢复了健康。之后，在政府关怀下她们回到家乡开始在白灵庙小学读书。姐姐龙梅在小学念完了四年级后，在本人的强烈要求下，1969 年，16 岁的她找到当时的内蒙古军区政委，要求参军，理由就是"因为参军很光荣啊！我要像雷锋那样，当毛主席的好战士、好学生！"龙梅如愿以偿地穿上了军装，成为内蒙古军区253 医院的一名护士。在部队期间，她还被送进包头市医专、内蒙古蒙文专科学校进修学习。她很喜欢部队大家庭的火热氛围，对自己的工作也很满意，一干就是六年多。

1976年5月，她从部队转业回到家乡达尔罕茂明安旗，担任达茂旗委副书记。1982年，龙梅调至包头市，先后担任东河区团委副书记、东河区统战部副部长、东河区人大常委会副主任，1999年当选为东河区政协主席，换届连任。如今退居二线。

"我是坐直升机上去的。"出名后的第八年即1972年，年仅17岁的正在读初中二年级的玉荣被组织上任命为乌兰察布盟教育局副局长。"那时好像是'军管'时期，任副局长只是挂个名儿，属于那种不脱产任命。没有工资和待遇，只是出席一些会议。"1974年，玉荣被组织上推荐到内蒙古师范学院读书，1976年大学毕业后正式走上了乌盟教育局副局长的领导岗位。

当时，玉荣特别希望能到基层锻炼。1979年，经过本人申请，组织上安排她到中央民族学院进修。1980年结业后，她回到乌盟团委担任副书记。1988年，玉荣和其他同志共同筹建自治区残联，任残联副理事长长达15年。2003年9月，她调任自治区政协，担任政协办公厅副主任。2008年，担任自治区政协民族和宗教委员会主任至今。

→ 恋爱婚姻家庭

★★★★★

　　当年各种宣传报道、各种社会活动、数不清的会议，让内向的龙梅迅速成熟起来，独立而又有主见。16岁那年，龙梅如愿以偿地穿上军装，成为解放军253医院理疗科的一位白衣天使。第二年，即1970年，她作为学习毛主席著作积极分子出席了北京军区四好连队、五好战士的"双代会"。恰恰就是这个会，引出了龙梅的一段传奇姻缘。

　　在"双代会"上，一个沉默寡言、长得文雅而秀气的精瘦小伙子闯进龙梅的视野。第一次见到他，龙梅就暗暗喜欢上他了。后来，她才知道，小伙子是内蒙军区驻西盟骑兵团的汉族卫生员张平。龙梅凭直觉认识到自己找到了这辈子可以托付终身的人。可是，人长得文雅秀气又老实的张平面对闻名全国的"小英雄"龙梅，他根本不敢瞎想。于是，龙梅主动地向张平发起了"进攻"。龙梅故意把大会安排拍的全体照给张平拿过去，却先碰上了张平的队长。队长一见就问："你是不是来看我们小张？"龙梅心里乐了，那会儿她还不知道人家姓什么呢，队长倒是先告诉她了。她故作无知，还反问："哪个是姓张的？"队长往她手里的照片指了指："这个张平。"龙梅心底更确定了，直接地闯到了人家的屋里"送照片"。而张平觉得龙梅是著名的英雄，自己则是普通一兵，只得对龙梅的"进攻"采取"回避"战术。

短短三天会议结束后，龙梅做的第一件事情，就是主动给张平写情书，并在信中大胆地附上一张精心挑选的照片，可左等右等，却等不到张平的回信。那时，姐妹俩经常收到全国不少追求者的书信。龙梅毫不犹豫地拒绝了，因为她心里只能容下一个"他"——普通的战士张平。1971年秋，龙梅又一次在部队的培训班上见到了张平，再次热情地向他表示爱：递条子、约会。张平终于被龙梅的真诚和坦然感动了，牵起了这位他一直不敢"高攀"的姑娘的手。

然而，两人没有想到，好不容易跨过身份悬殊的鸿沟，民族差异的难题又摆在面前。张平是汉族人，而龙梅是蒙古族人，家里人都希望她嫁一个本民族的男青年，连老同志也发话了："蒙古族培养了你，你一定要找一个蒙古族的小伙子。"对张平，有人当面就讥讽他"癞蛤蟆想吃天鹅肉"，说你找个英雄，将来还不是给人家带孩子、洗尿布，说不定人家地位高会把你蹬了。

那时，龙梅给张平的信也会悄悄地被别人拆掉，根本传不到张平手里。龙梅只得想了个法子，先给张平的朋友写信，委托他把信给他妻子，再由她递给张平。每封信都辗转好几个人的手才交到张平手上，龙梅笑言当年谈恋爱就像搞地下工作一样。

当时，龙梅家的亲戚积极为她另择蒙古族的"女婿"，有些领导也积极为她另择当官的"女婿"，但龙梅一概谢绝，她认定张平忠厚老实、勤恳能干，非张平不嫁。至于张平，受的压力也不亚于龙梅，张平的家人劝他三思而行；有些好心人奉劝他不要找名人为妻，否则自己的一切会被名人的声誉和光环所淹没，劝他慎之又慎。就这样，龙梅和张平的恋爱足足谈了八年，谈得困难重重，艰苦卓绝。其间经历多少滋味，只有龙梅和张平两个人知晓。

各方面的阻拦似乎没有对龙梅起任何作用，连妹妹玉荣的劝告她也置之不理，她下定决心：非张平不嫁。家里甚至因为这事把龙梅赶了出来，可她依旧没有改变初衷，反而更坚定地与张平在一起。爱情长跑考验了两个人，作为旗委副书记的龙梅直至1977年才想到以"为了民族团结"的理由向内蒙古自治区党委递交了报告，申请结婚，最终获得批准。经过"八年抗战"，两位有情人终于走到了一起。

龙梅的婚礼也像个"迷魂阵"：当天，张平与龙梅的结婚仪式悄悄地举行，除了自家人，谁都不知道；外头却是张平的妹妹出嫁，热热闹闹的，来个双喜临门。虽然没有娘家人的理解和支持，龙梅依然勇敢地追求自己的爱情。

八年苦恋的结果，换来的是十几年夫妻分居两地的生活，龙梅没有任何埋怨，也任由外面的流言蜚语，有人说："龙梅第二天就离婚了。"有人说："龙梅不会生小孩。"龙梅倒是很豁达："他们爱怎么说就怎么说，我不怕。"

1982年，龙梅从家乡达茂旗调到包头东河区工作，终于解决了两地分居问题。张平当时在内蒙古包头军分区干休所当军医，20世纪80年代因研制出羊肠线穴位植入法，配合自制中药，治疗各种类型癫痫疗效显著，在国内医疗战线上颇有影响。她常常说自己慧眼识珠，在幸福的家庭里，丈夫张平由一个部队的卫生员成长为全国知名的治疗癫痫病的专家，一双儿女也慢慢地长大了。

天有不测风云。1999年10月8日，突发的心脏病夺去了张平的生命。"真好像是天塌下来一般！"龙梅悲恸欲绝，几乎被噩耗击垮，无奈地承受着一个中年妇女所能承受的巨大的身心压力。与张平几十年的相濡以沫，恩恩爱爱，宛如昨日，历历在目。她擦干泪水，把对张平深深的爱铭刻心间，把对丈夫的爱转化为对公婆无微不至的孝敬。龙梅工作繁忙，她把女儿送去陪老年丧子的公婆，把儿子送到部队服役，曾经欢声笑语的家一下子变得冷冷清清，往日幸福的家庭仿佛就这样消失了。失去丈夫的精神打击，病痛频频的侵袭，工作又丝毫不能懈怠，唯独受损的是自己的身体和生活，龙梅常常拖着疲惫的脚步回到家中，形单影只，匆匆吃几口饭菜，孤灯而眠。龙梅无法在那个熟悉的环境里过着没有张平的寂寞生活，索性住进了办公室。

这一住就是一年多。龙梅突然意识到她不能再这样生活在张平的阴影里了。"当时我哭了一宿，我也想不通，实际上我也不想找。但是不找，我还年轻，生活上、生理上也需要有一个伴，所以我说小孩应该回来，起码得有一个家。"

善良的人们没有忘记龙梅。为了关照龙梅今后的生活，为了解除她后遗症带来的病痛，好心的人们说，英雄已经流过血，不能让英雄再流泪。龙梅应当再组成一个家庭，应当有一个人在身边陪伴她，她应当有同正常人一样的生活，懂事的儿女们同样理解自己的母亲。

龙梅勇敢地迈出了她的人生第二步。2001年5月，她和包头市公交公司一位普普通通的汉族内退职工张宝生组成了新的家庭，再一次找到属于自己的幸福。她和张宝生新房的客厅里，显眼处张贴着大红的"福"字和"爱"字，上面密密麻麻的小字是公公婆婆抄写的东西，祝福这对新人的新生活。在丈夫张宝生眼里，"龙梅是个普普通通的女人，是个顾家的妻子"。在外是女强人的龙梅，回到家是个地道的好媳妇，做饭、洗衣样样抢着干。龙梅觉得自己又年轻了，和丈夫有着说不完的知心话。这位老张语言质朴无华、性情爽朗，特别疼爱龙梅。他每天为龙梅准时做好饭菜，以使她全身心投入工作；他懂一些医术，每天晚饭后都为龙梅按摩。再婚以后，龙梅对张平的父母更加体贴孝敬，她不能让已经失去儿子的两位老人在生活上再有任何缺憾。

据龙梅介绍，能与张宝生走到一起是因为一句玩笑话："当我告诉他，'我是名人，社会活动多、男朋友多'时，他的回答是'我的女朋友多'。"龙梅对张宝生的评价是，性格开朗。虽然张宝生内退后一直在包头一家浴池做保管，甚至还被社会说成了搓澡的，但就跟当年能爱上普通战士一样，龙梅又一次跟一个比自己身份"低"的人结了婚。"他和张平都是汉族、都姓张，我这辈子是跟姓张的人有缘。"身在呼和浩特的玉荣对新姐夫印象很不错："爱说爱笑，特别是喝上点酒，嘴就停不住。我父亲现在住呼和浩特，前一阵子，父亲身体不太好时，姐夫还专门来伺候了半个多月呢。"

如今，龙梅的一儿一女都已长大成人。女

△ 新的龙梅一家人合影

儿晓花在包头市电视台工作，现已成家并育有一子。儿子晓冬高大健壮，曾在 1998 年和 1999 年分获内蒙古少年拳击比赛亚军和广东省少年拳击比赛冠军，刚从部队转业，并且也已成家。

在感情上，姐姐龙梅似乎总是波澜壮阔，然而，因为身体上的残疾，玉荣在爱情上却怯步了。玉荣中学毕业后被保送到内蒙古师范学院，成为一名工农兵大学生，她遇上了同班的一位朴实憨厚的蒙古族小伙子朝克。和姐姐龙梅一见钟情、勇敢追求的方式截然相反，她迟迟没有向朝克流露任何自己的情感。玉荣想得很多，自己身体上的残疾让她自卑，而姐姐曲折的爱情经历也使她对自己的感情非常谨慎。

大学毕业之后，玉荣被组织安排到内蒙古集宁市，担任乌兰察布盟教育局副局长，而朝克也被分配到乌盟民族中学任教。和自己喜欢的人在一个城市，玉荣还是没有任何表示，甚至是顾虑重重。直到两年后，上天再次给了玉荣一个机会：将她下放到民族中学锻炼，在这所学校任副校长兼副书记，和朝克在一起工作。在朝克心中，玉荣与其说是位英雄，不如说是位通情达理、聪明善良的好姑娘。

朝夕相处的两位老同学心中早已暗怀情愫，可谁都没有捅破这个事情。朝克质朴真诚却不善言辞，平时，他总是主动帮着玉荣做许多体力上的活儿，还默默地帮玉荣修理过假肢。玉荣也渐

△ 玉荣一家人

渐地体会到，也许朝克也有思想包袱。他自小是孤儿，跟着养父母长大，整个背景就与玉荣差了一大截。

1979年10月，玉荣被派到北京中央民族学院进修，两人见面不能说出来的话，却在往来的书信里互诉了衷肠。回忆当时的情景，玉荣说："当时我在北京进修，不知怎么，脑子里总是闪现着朝克的影子，我当时实在控制不住自己的情感，就给他去了封信。我从来没有这么大胆地挑明两人的关系，在信中，我写道："咱们俩是同学，毕竟相互了解，如果你要是同意的话，咱们作为终生的朋友。"当然，我也要朝克仔细考虑我的残疾问题，不勉强他作任何决定。"

玉荣主动捅破了窗户纸，但是信寄出好多天没回信。玉荣有些着急，觉得自己太唐突、太草率，开始有点后悔。二十多天后，在她即将离开北京到湖南、湖北实习时，收到了朝克表明心迹的回信。朝克一下回了七八页纸的书信，他忘情地告诉玉荣："你虽然是残疾，但这不是天生的，是为了保护集体的羊群而致残的，我不嫌弃。"朝克的话很简单，很朴实，让玉荣再次感动了好久。

回到内蒙古后，组织上一次问玉荣个人问题考虑了没有，玉荣一听：机会来了。就把自己和朝克恋爱的事向组织上作了汇报。于是组织上对朝克作了考查，告诉玉荣："这后生还不错！"

1981年的五一劳动节，玉荣和朝克结婚了，与姐姐龙梅经历过的坎坷不同，她的终身大事很快得到了组织上的认可和父母的赞同。婚后这些年来，无论是在工作中还是在生活上，玉荣和朝克总是相互支持，相互理解：如维修假肢，拧拧螺丝，添添黄油，都由朝克承包；朝克调自治区广播电台蒙语专题部任编辑后，工作十分忙，买菜、洗衣、做饭……玉荣总是抢着做，尽量减轻朝克的负担。朝克的文笔特别幽默，颇受广大听众的欢迎，玉荣也为他骄傲。

2004年正月十五，新华社记者又一次采访了玉荣。玉荣身材不算高，圆脸庞映出健康的红光，言语文静，举手投足间透出知识女性的从容。玉荣和朝克生活得很幸福。他们的两个千金在中学读书，都已非常懂事。玉荣在家中还是一名好厨师，女儿说最爱吃妈妈做的手扒肉、肉粥，还爱吃妈妈做的"过油肉"，但妈妈怕费油，平日里很少吃。在玉荣家中，主人给我们斟满热气腾腾的奶茶，端上各式奶食品；还送上来一大盘她一位新疆朋友从遥远的地方寄来的当地特产。记者一眼便可看出，玉荣的丈夫朝克绝对是一名模范丈夫，质朴、热情、真诚。我们说，玉荣选夫独具慧眼，一家人开怀大笑。

记者来到呼和浩特市毛纺小区玉荣父母的家中。在这个济济一堂的大家庭里，除龙梅一家外，这天都在这里共度元宵节。主人盛邀我们共进午餐。由于采访时间紧迫，我们婉言谢绝，只每人领到一大盅朝克敬上来的烈性白酒。在这个非常简朴，以至有些简陋的家中，我们采访了玉荣的父亲和母亲。父亲吴添喜，年已八旬。母亲呼达古拉，今年70岁。吴老年事已高，身体多病，已经难以进行完整的语言表述，但耳朵不聋，大脑也很清晰，对往事记忆犹新。

我们问吴老，您的两个女儿在那样危险的时候，为什么能做出勇敢的选择？老人沉默了片刻说，当年全国都在学雷锋，我平日里家教严格，常常告诫孩子们，不论什么时候都要爱

△ 下基层了解牧民生活

护集体的财产。我们随之又问道："当您的两个女儿为了集体的利益而终身致残，您后悔吗？"吴老忽然沉默了，好一阵低头无语。继而，两行热泪从眼角滚落下来。就在我们陷入沉思的时候，老人泪水顿作倾盆雨。呼达古拉，这位和蔼可亲的蒙古族老太太，一边用手不停地抹眼泪，一边劝慰老伴。"您真的后悔了吗？"我们低声问道。也许，吴添喜老人思绪又回到了昔日那个噩梦般的夜晚。是呀，天下哪一个父母，当看到自己的骨肉在严寒的折磨下濒临死亡的那一刻，能不痛断肝肠。然而，我们的猜测错了。吴添喜老人哽咽着，断断续续说道："不……不……如果在旧社会……龙梅……玉荣……早死了。"置身在这样的家庭当中，站在这样的老人面前，我们的心灵又一次被震撼，我们的心灵又一次得到净化。

玉荣一家四口住在呼和浩特市中心一栋陈旧的居民楼里，最近，单位给玉荣分了新房，但几万元的购房款还是让玉荣放弃了乔迁新居的打算。玉荣有两个可爱的女儿：大女儿阿米拉乐，意为"生命的礼花"，汉语名为"乐乐"；小女儿格果日乐，意为"曙光"，汉语名为"朵朵"。玉荣经常对孩子说，你们现在条件好了，更应该严格要求自己。政治思想上应该像"烈士"一样，工作上像"英雄模范"一样，生活上像"贫苦的人们"一样，这样心里会很坦然、很平衡。2004 年底，玉荣正为大女儿乐乐去日本的事儿张罗，"得花七八万元呢，在国内读大学也得花这么多，她自个儿愿意去日本，我得支持呀。""送女儿出国是不是想让她当'海归派'？"记者问。"对，'海归派'，回国开公司、办实体都可以嘛。"目前，女儿阿米拉乐在日本学语言，每天上午上课，下午打工，一个人打两份工，很辛苦，每天要到凌晨一两点才能休息，但她从不和妈妈叫苦，自己的学费和生活费也基本可以自理。"我大女儿现在去了日本，我为啥让她去国外呢？我想让女儿走出去，开开眼界，也可锻炼一下她独立生活的能力。"

由于有残疾人补助津贴，玉荣的工资比姐姐要高一些，几千元的月收入让"知足常乐"的她比较满意。她们如普通的老百姓一般，也要为钱发愁，玉荣准备送大女儿出国读书需要钱，而龙梅也是上有老下有小。但是，她们都很知足，生活得踏实而幸福。

→ 在工作岗位上

★★★★★

　　一对普普通通的蒙古族小姑娘，在那场暴风雪的洗礼之后，被推上了荣誉的高峰。从此，她们"在鲜花和掌声中长大"，并由此走上了政治的坦途。但是，四十多年来，龙梅和玉荣不以"名人"自居，从不向组织上提任何要求，"我们的成长其实也很简单，并不像人们所想象的那样受过特殊保护"。可以说，鲜花背后两个人始终兢兢业业。

　　在担任东河区人大副主任期间，龙梅分管群众信访、政法、城建和民族工作，复杂而且具体。为解决一个普通工人因住房而引起的一系列问题，她一次又一次骑自行车跑到有关部门，几乎把业余时间都赔上了。她还挺身而出保护因揭发违法乱纪而受打击报复的群众，她说："我的官不大，不怕丢乌纱帽，不论是哪个部门的领导，谁要公开和背后整群众，我就和他打官司。"有位工人感动地说："龙主任还是当年的那个样子，不论大事小事，只要找上门来，她都笑脸相迎，热心帮忙。"

"人民交给我的这副担子很重。"龙梅非常认真地强调这一点。她珍惜自己为人民代言的权力，但她也直言不讳地说："现在人大的作用还没有完全发挥出来。"这位每天忙于来信来访、下去视察的区人大副主任，常常为一些本该解决但又解决不了的事情"睡不好觉"。谈到该区一个寡妇举报不成反遭打击的事，她承认："有时自己也无能为力。"龙梅深情地回忆说："我到许多地方讲我和妹妹的故事，最打动青少年的是大公无私和助人为乐的精神。"而时下社会上的一些不良风气，使这位昔日的英雄深感忧虑。龙梅觉得，"现在人与人之间的关系被金钱腐蚀了"。为此，她"常常情不自禁地想到过去"。不过龙梅也表示，自己这些年也不是生活在真空里，"如果你事事还是老一套，人家就会从门缝里瞧你"。

毫不掩饰自己最崇拜的人物是"雷锋"的龙梅的热情、率直、乐于助人在包头是出了名的，常有不认识的人直截了当地请"大姐"帮助解决困难，下岗的、打官司的，五花八门。龙梅总是有求必应，为他们四处奔波。白天没时间，晚上到管事的人家里去堵，如果碰巧人家大门锁了，她就拿着手电筒翻墙进去。为了一个棘手的案子，她曾经跑过长达两年的时间。龙梅笑笑："我特别同情弱势群体，每当帮他们做些事情，我心里也很欣然！"

对政协工作，龙梅投入极大的热情。在她的带领下，东河区政协工作出色，被区委评为政绩突出班子。龙梅讲起了她引以为豪的一件事情：2004年，由她牵头，从温州引进8000多头奶牛，吸引5000多万的资金。她着重补充："我没有利用我的名字作为便利条件来做广告、宣传，这项投资完全是一点一滴攻坚下来的，虽然很累，可是我很高兴。"龙梅说，除了要抓好政协工作，发挥参政议政的作用外，她还要把更多的精力投入到为东河区、包头市乃至自治区的招商引资上。

1988年，组织上安排玉荣和同事们筹建自治区残疾人联合会时，7月的酷暑天气里，她骑自行车四处筹资，有一个单位她竟接连跑了16次。短短半年时间，她和同事们筹集了260多万元基金。自1988年至2003年，15年的自治区残联工作，玉荣记忆犹新。"残联工作，面对这一社会特殊群体，他们的困难很多。我本身就是残疾人，深知残疾人的苦楚，残联工作非常适合我来做，残疾人也愿意和我交谈。"组建残联时，没有办公用房，到处租地方，又缺乏资金，条件艰苦。玉荣只好自己亲自跑各盟市、旗县，与当地领导多方协调，有的盟市要一连跑上好几次。个别领导认为"健全人都没事干，残疾人还要干啥！"玉荣就通过自己的切身体会，介绍残疾人的艰辛。晓之以理，动之以情，使他们理解残疾人。

王老汉是达尔罕茂明安旗牧民，他的两个儿子都是先天性盲人。因为两个孩子的事情，王老汉找到了玉荣。玉荣把两个孩子安排在盲人按摩医院，为的是让他们能学得一技之长，将来回家乡可以开个小诊所。可是令玉荣没有想到的是两个孩子的身体太脆弱，其中一个病倒了。玉荣带着孩子找院长、托关系住进了医院，又让爱人朝克回家取来了600多元做住院押金和药费，手术在当晚进行。玉荣因工作要出差，走之前，联系自治区民政厅和医院，安顿好一切。可是，由于孩子病得太厉害，在玉荣回来之前盲孩子已经离开人间。这件事，至今还让玉荣愧疚。

走上领导岗位以后，家乡经常有人来找她们办事，玉荣说："他们没钱没势，有时候很可怜。""来找我们的大部分是穷人，他们属于弱势群体，办的事五花八门。"虽然她们给老百姓办了很多事，但她们严以律己，自己的事却很少向组织张口。玉荣有一个孩子至今还没有正式的工作。

龙梅和玉荣严格要求自己。"政治上，要按烈士的标准要求自己；工作上，要以英雄模范人物为榜样；生活上，要和最底层的老百姓看齐。"玉荣在家中排行老三，除姐姐龙梅外，还有一个哥哥，下面有两个妹妹和一个弟弟。他们都没有因龙梅、玉荣的"发达"而"发迹"。

记者在采访中注意到，在龙梅、玉荣所在吴家的一群大大小小的孩子当中，其中一个大男孩一直保持着沉默。大男孩名叫热西，取藏语"吉祥"之意，他是玉荣弟弟唯一的孩子，也是吴家唯一的孙子。热西高中毕业后，一直想当兵，但由于身高差标准2厘米而未能如愿，已经在家待了一年，最近正在闹情绪。他嗔怪当姑姑的玉荣不给他想办法，就是帮助找一份工作也行呀。

玉荣说，党和人民已经给了我那么多的荣誉，我不能再向领导和组织开口，有违原则的事更不能做！玉荣说完，轻轻拍了拍热西的肩膀。就在这一瞬间，我们看到玉荣的眼睛里闪过一丝晶莹的泪花，也许，这就是作为姑姑的玉荣对侄儿歉意的全部。热西，英雄难当，在世的英雄更难当，这一点你可知道？希望你理解姑姑！

→ 苦痛藏心底

★★★★★

　　在旁人眼里，成为英雄的龙梅和玉荣头顶光环，其实她们有着和普通人一样的生活，也有着普通人体验不到的难处。但她们总是把苦痛压在心底，积极面对着生活与工作。

　　由于冻伤，龙梅失去了左脚大拇指。腿部先后动过4次大手术的龙梅，周身留下末梢神经损伤后遗症。她剩余的9个脚趾近年来逐渐在萎缩，如今走路脚板无弹性，只好平拖着迈步。而起初，冻伤后遗症使得她面部肌肉抽搐不止，说话时嘴角抖个不停。后来，她一有空就对着镜子双手扳脸，强迫面部肌肉静止。通过几年的锻炼，才逐渐好了起来。"我的后遗症就麻烦了，现在我的身体就是个'晴雨表'。"一到阴雨天，她就失眠烦躁，全身不适。几乎所有记者都注意到，在采访中龙梅经常双手不停地按摩膝盖。

由于冻伤严重，玉荣右腿膝关节以下和左腿踝关节以下做了截肢手术，手术后，假肢伴她将近半个世纪。截肢后的玉荣，在同学们嬉戏玩闹时，只能在旁边看。随着年龄的增加，身体的成长，假肢需不断修整、更换。那一节节增长的假肢，都是痛苦和毅力的考验，记录了玉荣艰难成长的历程。"这么多年，我都换了十几副假肢了，年少的时候，由于正处在发育时期，假肢几乎是一年多就换一副，每次腿都被磨得鲜血直流。一到天热出汗，假肢里的腿都被汗水泡得发白。""每换一次假肢都特别痛苦，创口处总要经历一次重新磨合，直到磨出肉茧，20岁出头才算稳定。"每一次都要经受很长时间磨合的痛苦，她都不声不响地挺了过来。回想往事，玉荣感慨地说："夏天最难熬，两条假肢护腿的材料既厚重又不透气，接口处的肢体常在汗水里泡着，走的时间一长，就又红又肿，有时还会发炎。"玉荣一次次忍着剧痛，任由假肢在原来的皮肤上磨出血、磨出茧子，才慢慢适应了失去双脚的人生。身体上的残疾让开朗的她更加坚强起来，为了工作方便，在无数次摔跤之后，她还学会了骑自行车。在车水马龙的人流中，没有人会注意到她和别人有什么不同。

在家里，玉荣洗衣、做饭、整理家务样样干。她说："我从不把自己当残疾人看待。时间长了，家人也好像忘了我是残疾人。"

女儿朵朵说，妈妈每天脱"袜子"时，与假肢接合的部位都是湿漉漉的，夏天奇痒难耐。妈妈从没穿过裙子，更没穿过高跟鞋。在格果日乐印象里，妈妈是个非常要强的人。每次去商场买鞋，妈妈试穿时都要尽可能避开别人的视线，不愿意让人看到假肢而受到特殊礼遇；出差时，妈妈在长途汽车上很少喝水，生怕自己上厕所麻烦别人。

→ 姐妹情深

☆☆☆☆☆

　　龙梅和玉荣，姐妹情深。想当年，暴风雪中，二人相互照应，真正做到了同生死共患难，共同成就了英雄美名。成名后，二人共同珍视荣誉，一样地严格自律，同荣辱共进退。用"同荣辱共进退"来形容二人的关系，想必是再恰当不过了。

一颗小小的水果糖，留给人的记忆能有多久？整整四十多年过去了，龙梅和玉荣都难以忘记它的甜美！每当有关"糖"的字眼出现，那场惊心动魄的暴风雪便会电影镜头般地从她们脑海闪过。

龙梅、玉荣回忆说，当年她们替阿爸去放羊时，阿妈特意给她们奖励了几颗只有过年才能吃到的水果糖。小玉荣嘴馋，很快吃完了自己的那份，又向姐姐要。等到姐姐的糖剩最后一颗的时候，龙梅装出大人的样子："不能吃了，咱们留着等到最想吃的时候再吃。"没想到，那颗小小的水果糖还真派上了用场。

大雪稍停，奔跑了一天的羊群筋疲力尽，追赶它们的两个小雪人似的小姐妹也力不能支。正好是一个避风处，它们便与小主人停下来歇息。夜幕渐渐拉开，气温骤降至零下 30 多摄氏度。滴水成冰的广袤原野上，寒风飕飕掠过，拖出阴森怪调。"姐姐，你兜里不是还有一块糖吗？咱们吃了吧。"9 岁的玉荣饥寒交迫，本能地与 11 岁的姐姐商量。"好吧，趁着羊不跑了，咱们赶快吃了它。"龙梅看着玉荣冻得肿成面包一样的小脸，同意了妹妹的请求。她用僵直得极不听使唤的小手费了好大的劲儿，才从白茬皮袄下的棉袄兜里把妹妹惦记的糖块掏了出来。"这可是咱们唯一的'干粮'了。"说着，她小心翼翼地剥开糖纸，轻轻地咬了一小半，将剩下的塞入妹妹嘴里。"再也没吃过那么甜、那么解渴又顶饿的糖。"那块小小的水果糖，令如今已 50 多岁的姐妹俩仍回味无穷。

成为名人之后，除非极特殊情况，二人总是一起出现，用她们自己的话讲"不是双胞胎胜似双胞胎"。在接受访谈时，因姐姐口语表达不很灵活，经常是快言快语的妹妹代表姐姐讲话。遇到某些不太好回答的问题时，姐姐马上在一旁小声提示，然后妹妹再做回答。二人配合得相当默契。

　　后来，姐妹俩先后都到了政协战线工作，

△ 小姐妹重回家乡

但姐姐在地级市的区政协当主席属正处级，妹妹在自治区政协当主任属正厅级。形式上看起来，妹妹是姐姐的上级领导，妹妹有时也调皮地"以领导身份指导"姐姐工作，姐姐则"委婉地谢绝这位特殊领导者"自家妹妹的"指导"。实际上，妹妹玉荣是后来才到政协工作，她认为自己是个新兵，要学的东西很多，特别是要从身边的姐姐身上学。龙梅真诚地说："我们姐妹俩相互学习，相互提高，相互鼓励吧！"

2009年8月9日，同在政协工作的龙梅、玉荣到达茂旗一户牧民家庭了解牧民生活情况。8月12日，在包头市白云区"草原英雄小姐妹"事迹展览馆，龙梅、玉荣看到自己当初治疗冻伤的照片感慨万千。8月13日，龙梅、玉荣重回家乡达茂旗草原，置身一望无际的大草原，她们不禁回想起童年的时光，姐姐龙梅即兴为大家跳起蒙古族舞蹈。看到悠然吃草的羊群笑逐颜开，姐妹俩像孩子一样玩耍起来，妹妹还闹着让姐姐背。

英雄本色

→ 自我体认

★★★★★

"是时代造就了我们"

一次偶然的经历，让龙梅和玉荣姐妹成为举国关注的英雄。在党和政府的关怀下，二人从此结束了放羊娃的生活，开始上学读书，并被送到部队，被保送上大学，年纪轻轻就担任了领导干部，一路鲜花和掌声。龙梅对这份简历常常感到不安："我和妹妹其实只做了一件很小的事情，而党和人民却给予我们这么高的荣誉和待遇。"她们经常告诫自己："要面对现实，把本职工作做好，不辜负党和人民给予的第二次生命。""我们受到党和人民的阳光雨露太多了。只要能为国家、为人民多做一点自己力所能及的事情，心里就会安慰许多。"龙梅和玉荣十分感激而真诚地说。

"我们是那个时代的幸运儿，是社会给予了我们过多的关爱。"玉荣回忆说，"那时候像我们一样出去放牧的人被冻坏身体、被狼吃掉的情况时有发生。"跟她家一个公社的另一个大队叫繁荣大队,也是上世纪60年代,社员吴桂英与母亲放羊时遇到了暴风雪,经过一天一夜才被获救,吴桂英的母亲10个手指没有了,两条腿被截肢,"她们也是为了保护集体的羊群,她们也是英雄,但没有我们那么幸运。草原上气候变化无常,因为放羊而致疾的牧民并不少见,外界不知道很多牧民冻伤的事。我们只是被宣传,成为那个时代的英雄,那种环境下的一个典型。要说英雄,也是时代造就的"。

"我们只做了我们该做的事"

时光荏苒,当初的英雄小姐妹而今都过了知天命的岁数。龙梅说:"我们姐妹俩的事迹其实很普通、很平凡。"玉荣也说:"其实,在草原上,每年因遭遇暴风雪丢失羊群的事不多,但是有。他们也是为了保护集体的羊群,他们也是英雄,但没有宣传,没人知道。"姐妹俩都称自己当时的行为只是出于一种朴素的意识:应该保护好集体的财产。"在那个年代,羊群是十分宝贵的集体财产,是大家共同的财富。四十多年前,我们只做了我们该做的事。"她们质朴的话语或许正是所有楷模共同的心声。

没有英雄的时代是平庸的时代。人类需要英雄,社会需要一种精神。如今,时代发展了,然而时时刻刻爱护集体利益的集体主义精神永远不会过时。龙梅说:"四十多年前的那场暴风雪改变了我们的命运。当年我和妹妹只是为集体做了一点事,我们做的都是应该做的事,但是党和国家一直没有忘记我们,送我们当兵、读大学,党和人民给了我们至高的荣誉,我们心怀感恩。我们无时无刻不在提醒自己，我们是普通牧民的女儿，永远要保持牧民的情怀和本色！'草原英雄小姐妹'的称号是压力也是动力，我们做任何工作都不能辜负党和人民赐给我们的这份荣耀！我想退休后做点公益事业，社会对我们抱有很大期望，我不能辜负这些期望。"玉荣说："现在和那个时代相比，我们的经济条件、物质条件都发生了翻天覆地的变化，但是我们的道德观和荣誉感不能发生改变！过去我们保护集体的羊群是一种敬业精神，现在做好一个公众人物也是一种敬业精神。我们现在就是想尽力为家乡人民、为后代做些有意义的事。希望我们能够继续影响新一代，让爱国、爱集体的精神得以传承下去。"

"我们永远心存感激"

姐妹俩虽然人生的轨迹略有不同，但有一点是共通的，就是她们非常感谢党和政府以及社会各界给她们的关怀和荣誉。"说实话，那次事件改变了我们姐妹的命运。不然，我们至今还只是普通的牧民，不可能参军、上大学。是党和人民对我们的关怀，让我们有了今天。"玉荣说，"虽然过去四十多年了，但作为一个普通牧民的孩子，我们为党为人民做了应该做的事情，党和人民也给予了我们姐妹俩很高的荣誉，我们从一个普通牧民孩子成为了大学生和军人，又都走上了领导岗位，虽然因伤痛而生活多有不便，但我们一直怀着一颗感恩的心。"

基于回报社会的责任感，姐妹俩不仅积极参加组织上安排的各种宣传教育活动，到各地巡回讲演、做报告，还利用业余时间筹资在家乡白云鄂博开办了"草原英雄小姐妹"爱国主义教育基地，注册成立了"草原英雄小姐妹之家"，利用一切机会对青少年进行爱国主义、集体主义教育。

"感恩只言不悔"

女儿小时候曾问玉荣："妈妈，你现在觉得羊群重要还是人的生命重要？为了羊群，你失去了双脚，现在后悔吗？"玉荣不知如何为孩子讲清特定年代环境下人们的思想觉悟，只能简短地回答"不后悔"。回忆起四十多年前发生的那一幕，姐妹俩并没有后悔。但是每当向孩子们提起往事时，一些孩子至今不太理解："你们真傻，为什么不把羊群扔下？难道人的生命比羊的生命更重要？"龙梅说："这件事情放在当时的社会背景下，任何人遇上了都会这样做。人不能只为自己活着，要多想想他人，多想想集体！"

对于个人境遇，龙梅和玉荣很知足。她们说，如果没有那么多好心人帮助，她们恐怕连性命都保不住，也可能终身没有受教育的机会。据当年的《内蒙古日报》报道，从新华社通稿发出翌日至4月17日，龙梅、玉荣收到来自全国各地的慰问信1669封、慰问品2488件，前往医院探视者达2398人次。龙梅、玉荣回忆，当年在内蒙古人民医院住院期间，全国人民寄来的慰问品有两卡车。龙梅不大乐意接受采访，她说，我们现在只是普通的共产党员。"踏踏实实做事，诚诚实实做人。"这是玉荣一直以来对人生的态度，过去是这样，今后也是如此。

"最大的心愿是建设家乡回报社会"

"现在进入了市场经济时代，我们应该把党和人民给的这个荣誉称号利用好，发挥更大作用，与时俱进，不能躺着吃老本。"玉荣说。现在，在龙梅、玉荣的家乡白云鄂博，有关部门投资几百万元，盖起了一个"草原英雄小姐妹"事迹展览馆，成为了当地一处著名的青少年爱国主义教育基地。龙梅说："前不久回到老家时，我们碰到来自四川、甘肃、河南等地的客人领孩子去参观，他们见到我们姐妹俩非常激动、非常高兴，他们希望后代继续弘扬这种集体主义精神。现在已有五千多人参观了展览馆。"

在几年前，曾有人建议她们收取出场费、做广告，也有一些企业邀请她们做形象大使，龙梅、玉荣都拒绝了。玉荣说："我们是在党和人民教育下成长起来的，为了培养下一代，我们应该有责任和义务。对一些有关青少年教育的活动，在不影响工作的前提下，我们会尽量参加。"

这些年，龙梅、玉荣为公益事业忙忙碌碌，南下广东介绍家乡，参加北京奥运会火炬传递，进企业、学校开办讲座……最近，"草原英雄小姐妹"感恩报国行动协会在鄂尔多斯成立，目的是想动员社会、企业力量做一些慈善事业，如每年资助几十名贫困大学生。"如果仅靠我们个人也只能每年资助一两名学生，主要困难就是资金。我们最大的心愿就是：建设家乡，回报社会。家乡如果把爱国主义教育基地利用好，开通旅游线，每年来的人多了，就会把家乡经济带动起来，这样家乡人民就会受益，给他们带来幸福。"龙梅和玉荣如今想得最多的还是集体，还是她们挚爱的家乡。

追溯过去，龙梅说，最幸福的就是在天安门城楼上受到毛主席的接见："激动得无法形容，就知道掉眼泪。"两个小姑娘，还被总理抱过、亲过，"确实很幸福"。玉荣也讲："四十多年过去了，我们也要与时俱进，做出新的贡献。做对党和国家有益的事，做对家乡人民有益的事，做对下一代有益的事。"

→ 民众印象

★★★★★

确实，坚强勇敢、无私无畏、乐观向上、平易近人……许许多多字眼都可以用来评价龙梅、玉荣这对"草原英雄小姐妹"。见

过姐妹俩的人都说 : "为了集体的羊群她们终生残疾，特别是玉荣与假肢相伴将近半个世纪。尽管行走不便，但她们在待人接物上，从不以'小英雄'自居，她们身上那种牧民质朴、厚道的本色没有变。""草原英雄小姐妹"不仅是牧民的后代、草原的女儿，更是一种英雄精神活的象征和符号。四十多年来，姐妹俩一直是各媒体关注的焦点，她们热情地接待每一位来访者，尽显普通蒙古族妇女的赤诚和宽厚。她们，来自于人民群众中间，又始终生活在人民群众之中，给人们留下了特别深刻而美好的印象，是真正的平民英雄。

和龙梅、玉荣在一起的日子

提起草原英雄小姐妹，大家都很熟悉。留在孩提时的印象最深，小姐妹那感人的壮举在来自沈阳的阿华心灵上打下了深刻的烙印。她说 : 真是无巧不成书，一次偶然的机会，我和生活中的龙梅玉荣相聚了。那是 1990 年 2 月，我有幸参加了在湖南长沙举行的全国部分城市学雷锋标兵"相会在雷锋故乡"联谊会，在这次会上，龙梅、玉荣作为特邀嘉宾，自然引起与会者的关注。

她说 : 在长沙风林宾馆，因为我先期报到，在得知龙梅和玉荣就住在我们隔壁时，我索性当了一把业余记者，轻轻地敲开了 1009 房间，来开门的是姐姐龙梅。她长得端庄秀丽，看不出是一位 38 岁的中年妇女。她热情地和我握手，并招呼站在一边的一位女同志说 : "快过来呀，这是沈阳的代表。"我猜想，这位身材壮实、蛮有蒙古族人气质的想必就是玉荣吧。果然不错，当我说明来意，姐妹俩谦虚地说 : "我们是来雷锋故乡学习的，对自己没什么好谈的，我们只不过做了件应该做的事情。”在我的一再请求下，姐妹俩打开了话匣子，感人的故事在我心中引起了强烈的震撼，我为之激动，由衷地敬佩面前这两位英雄姐妹。

她说：那天晚上，各地代表都到齐了，主办单位长沙团市委组织了一次别开生面的联欢会。会上，我发挥了自己喜欢唱歌的特长，率先唱起了影片《草原英雄小姐妹》的主题歌，“天上闪烁的星星多呀，星星多呀，不如我们公社的羊儿多……”在全场引起强烈的反响，大家为两位英雄姐妹送上了一阵阵的掌声。

她说：主办单位组织我们登岳麓山，上山的路尽管有一级级的台阶，可对失去双脚装有假肢的玉荣来说是何等的艰难。攀登途中，我曾要搀扶玉荣上下，而她却坚强地说：“我能行。”这一句“我能行”，不正是当年在冰天雪地的大草原上双脚已经冻木的情况下发出的最强音吗！是的，正是有了这种坚强的决心和崇高的信念，才使两姐妹在以后的生活中成为一对强者。

她说：要分手了，我们难舍难分。我邀请两位大姐签名留念，她们欣然提笔，写道：“我们相会在雷锋故乡，让我们结成友谊，向沈阳市的青年朋友问好！”和龙梅、玉荣在一起的日子虽然只短短几天，可是，几年来那情那景始终在我脑海中萦绕。

平实可亲的英雄印象

2008 年 9 月 4 日至 8 日，北京奥组委、中国残联主办，临安市政府承办的"'同一个世界，同一个梦想'第四届'残疾人在祖国怀抱中'全国摄影展——一位无手摄影家对话中国 100 位残疾人精英"在中国国家图书馆展出。这是一个连续性的摄影展，全国每两年举办一次。但今年情况特殊，除了传统的展览，还缀上了一个个人展——郑龙华对话中国 100 位残疾人精英，作品占总量一半，共 200 多幅照片。

郑龙华甚至没有碰到被拍摄对象拒绝的情况，最困难的一次可能就是采访"草原英雄小姐妹"中的妹妹玉荣了。这位现任内蒙古自治区政协办公厅副主任的残疾人精英，实在抽不出时间来接待他。但当郑龙华出现在呼和浩特市，拨通她的电话只请求两小时采访时，玉荣答应了："你明天早上 8 点半到我办公室吧。"次日一早，郑龙华如约到达，发现玉荣办公室门口等待办事的人已经排成了队。郑龙华插队进去，玉荣说她绝对配合，但要先处理好要紧的事，其他的事下午再办。中午，郑龙华破天荒地被拍摄对象请吃了一顿饭，而玉荣也是他唯一采访过的领导干部。"我尽量避免领导干部，因为他们的机会更多。相对来说，普通残疾人更加不容易。"当郑龙华打听到玉荣"当官"之后，曾有短暂的犹豫，但最终还是决定试一试。"她的精神伴着我们这一代人成长，是我们的偶像，印象特别深刻。"而对这次拍摄，郑龙华不敢奢望塑造这样的精神典型，但他愿意记录下平凡残疾人的影像。而这样的记录，更加平实、可亲，也会更加令人在不经意间怦然心动。

与乌兰夫的深情厚谊

1964年3月13日，龙梅、玉荣被转往200多公里外的自治区首府呼和浩特接受进一步治疗时，内蒙古自治区党委第一书记、政府主席乌兰夫立即赶到医院探望她们，并亲笔题词。在乌兰夫的倡议下，自治区党委命名龙梅、玉荣为"草原英雄小姐妹"。3月14日，《内蒙古日报》头版通栏整版转二版发表长篇通讯《草原英雄小姊妹》，并配发社论《学习小英雄的风格》及乌兰夫题词照片。很快，乌兰夫的题词还被作曲家德隆西配上了曲子，《学习英雄小姊妹》很快成为

△ 在自己的照片前感慨

一首传唱全国的儿童歌曲，被誉为"草原英雄小姐妹"的龙梅、玉荣也成为全国典型人物。历史的因缘，使乌兰夫和两个普通牧童成了忘年交。

文化大革命初期，有人扣帽子说她们是"乌兰夫的黑爪牙"。而乌兰夫在自身经受攻击的"风头上"，为了她们姐妹俩的安全，还特意派人悄悄地把她们接到呼和浩特新城宾馆，保护了两个多月。1986年8月，玉荣到北京出差，抽空专门拜见乌兰夫爷爷时，乌老亲切地详细询问了姐妹俩的工作、生活情况。当他听说玉荣已有两个女儿时，高兴地拿出8个芒果让她带给孩子们尝尝。

话实情勿忘恩人哈斯朝禄

当年带病救助草原英雄小姐妹的哈斯朝禄，因为历史问题蒙受了不白之冤，不仅没有得到组织的认可，反而在一些文艺作品里变成了反面人物，一直背了二十多年黑锅。面对记者的提问，玉荣果断地回答说："救助我们的首先是哈斯朝禄，千真万确。当时，要不是他们父子俩及时发现和抢救，我们姐妹俩早就冻死了。"

在过去大讲阶级斗争的特殊年代，有许多应该报道的人和事，却没能得到宣传和认可，比如第一个发现和营救小姐妹的恩人哈斯朝禄和那仁满都拉父子俩。玉荣说："1964年2月9日出事时，我才9岁，当好心的人在雪地里救出我的时候，我已经冻得休克了，什么也不知道。姐姐虽比我大两岁，她当时也说不清都是哪些好心的伯伯和叔叔们参加营救的。当我从北京接好假肢恢复健康后，父亲每逢过年过节时，总要带上我们姐妹几个，或骑马或坐车，不远数十里去看望哈斯朝禄大伯一家人。从大人的举杯共饮的亲切交谈中，才知道哈大伯和那仁满都拉是第一个发现和营救我们的恩人。"事实上，连参与营救的白云鄂博车站扳道房的8位工人也跟着披红戴花，见报上广播并多次受奖，而真正施救的人却默默无闻，甚至还继续受压被管制。对此，玉荣心里很难过，她说："觉得一直对不起哈伯伯。小时候是不懂事，长大以后，特别是到了工作岗位，每逢新闻记者来访，我总是实话实说，不仅讲述第一个发现和抢救我的恩人是哈斯朝禄和那仁满都拉父子，而且还几次把记者领到哈大伯家去，又拍照，又写稿，但就是没有见报。"

哈斯朝禄蒙受了多年冤屈，直到上世纪80年代才得到平反昭雪，但仍有人坚持"历史问题宜粗不宜细"，"使我们的救命恩人不被社会公认，实在是太不公平"。玉荣坦言："如果不是哈大伯和那仁满都拉，我们就没有今天的幸福生活。使我内疚的是，哈大伯就因为历史问题蒙受了不白之冤，他带病救我和姐姐后，不仅没有得到组织上的认可，没有得到任何奖励，反而在一些文艺作品里变成了反面人物，一直背了二十多年黑锅，我们姐妹俩经常为自己无能为力而苦恼和不安。"1979年4月，曾和父亲

英雄本色

一起救龙梅的那仁满都拉给《人民日报》撰文，哈斯朝禄的女儿赵玉容也曾多次上访申诉，要求调查处理并见报正名。不久，胡耀邦作出了"彻底甄别处理"的批示。在中组部的催问下，直到1985年1月，内蒙古自治区委组织部才正式确认哈斯朝禄父子是首先发现并参与抢救龙梅、玉荣的人。迟到21年之久的处理意见，终于洗清了强加在哈斯朝禄身上的不白之冤，使这位老人那颗受到创痛的心灵得到了些许的慰藉。但由于当年各种政治环境及历史环境的局限，真实的历史事实不曾为广大民众所知晓。

玉荣由乌兰察布盟调到位于呼市的自治区残联工作以后，哈斯朝禄大伯也已落实政策回到呼市。为感谢哈大伯的救命之恩，玉荣不断到家里去看望和安慰老人家。特别是在他卧病期间，隔三差五去探病房，每每都以女儿的身份俯在哈大伯床前问寒问暖问病情。得到哈大伯去世的不幸消息，玉荣非常悲痛，急忙给在包头工作的龙梅姐去电话。正在外地出差的姐姐，因路远无法赶回，哭着对玉荣说，一定要妥善安排哈大伯的后事，并嘱咐妹妹代她为哈大伯送花圈和挽幛，一定要去殡仪馆为老人送上最后一程。玉荣多次真诚地对媒体讲："如果不是遇到哈斯朝禄，我们姐妹俩的生命就难以保住了，动人的历史虽然能扭曲一时，最终还会还原本来面目。我心里十分欣慰，但仍然感到还是太晚了，如果早点知道我们早点做证明，哈斯朝禄也不会受那么多冤枉。我和姐姐为哈大伯做得太少了，我们将永远记住这位有救命之恩的老人。但愿在天有灵的哈大伯含笑九泉，永远安息！"玉荣专程为老人送最后一程，其感恩之情不失为英雄襟怀。

老姐妹弘扬新精神

教育后人

与广外学生探讨集体主义

"'草原英雄小姐妹'精神的实质——集体主义永远不过时，但体现集体主义的行动可以变通。""年轻人提倡见义勇为，更提倡'见义智为'！"2005年11月23日下午，"草原英雄小姐妹"与广东外语外贸大学学生面对面，探讨新时期的集体主义和爱国主义。

年轻的大学生从自己的角度提出问题，寻求英雄姐妹这代人的答案。龙梅、玉荣奋不顾身保护集体羊群的故事，又把他们带进了那个年代，会场里的大学生神情专注，不时爆发出阵阵热烈的掌声。

"暴风雪中还守护着羊群，当时不怕吗？""夜里我真的听到狼叫的声音，不过那时只想着要聚拢羊群，别的什么也没想……""我的父母从报纸上看到你们来广州，非常激动，像对明星一样。你们那时也追星？""追啊。雷锋、黄继光，我们那一代就是在英模故事中长大的……"

时下是市场经济，讲得更多的是竞争，在年轻人看来，这时重提"草原英雄小姐妹"是否必要？记者在活动中发现，学子们对"小姐妹"是欢迎的，并为这个四十年前的故事感动着。主持主题团日活动的王天杨同学告诉记者，她在小学音乐书里就学过小姐妹的歌谣和故事，印象很深。也有些学生以前对龙梅、玉荣的故事不了解，但看到这几天的报道，非常感动，觉得这样的集体主义教育非常及时必要。

寄语白云区青少年

四十多年前，"草原英雄小姐妹"中的妹妹玉荣被冻得昏倒在内蒙古达茂旗的白云矿区铁道边。四十多年后，她们来到了广州的白云区做客。"都是'白云区'。"姐妹俩说，这是一种缘分。少先队员们捧上鲜花，敬个队礼，把敬意送给了远道而来的尊贵客人。

在"草原英雄小姐妹与白云青年座谈会"上，广东某公司董事长周垂虎对龙梅和玉荣说，他至今仍然清楚记得《草原英雄小姐妹》动画片里的一句话："妹妹，咱们快把公社的羊赶回家去！"他说，这部动画一直影响着他，也在影响他的儿子。他曾经给儿子放了至少5次。玉荣说，集体主义、社会责任感哪个时代都不过时，即使在今天的市场经济时代。白云区区长欧阳知说，加快发展中不能忘记社会责任。新时期如何与时俱进，弘扬草原英雄小

△ 与孩子们在一起

姐妹的集体主义精神和社会责任感? 白云区委副书记李建兰说, 在新的历史时期, "草原英雄小姐妹"精神不仅没有过时, 而且需要更进一步丰富、充实和弘扬。"草原英雄小姐妹的核心精神是爱国主义和集体主义, 这和公民道德八字方针爱国、守法、明礼、诚信一致。"白云区有关负责人这样诠释。

听说她们的儿女如今也很出息, 广州市某鞋业公司老总李健祥向龙梅和玉荣请教教育下一代的问题: "我有个 4 岁小孩, 怎么培养社会责任感和使命感呢? "玉荣讲了自己的心得："孩子们小的时候对我说，不要讲过去的大道理，那都是过去的。我一再告诉她们，人要有社会责任感，这样活着才有意义。其实父母要给孩子做榜样，让他们心服口服，父母也可以成为孩子的偶像。"龙梅说自己的儿子起初并不争气，"经常说自己是英雄的儿子，要穿好的，住大房子……我想，干脆让他当兵吧，四年后，他懂事了很多，体会到妈妈说得对"。

最后，龙梅、玉荣挥毫泼墨，现场题词，寄语白云区青少年：希望你们勤奋学习，热爱祖国，热爱人民，热爱集体，早日成材，报效国家。

岭南三十多名师生学英雄见行动支教内蒙古

2005年11月22日下午，从内蒙古远道而来的"草原英雄小姐妹"龙梅和玉荣应邀来到广东岭南职业技术学院做客。一走进校门口，一大群同学立即把龙梅和玉荣团团围住，有的献花，有的拍照。同学们都显得很兴奋很激动，从他们的言谈举止间流露出对草原英雄的敬慕之情。一位女同学说："我们读小学时从课本上就了解了她们的英雄故事，今天能看到真人，而且还是那样的和蔼可亲，机会太难得了。"在热烈的掌声中，英雄姐妹给同学们讲述了当年在零下40摄氏度的暴风雪天气里舍身保护羊群的故事。

英雄姐妹通过人生实践传授着做人道理，并且盛情邀请学生们到内蒙古大草原做客、支援建设。龙梅和玉荣的事迹深深地触动了广东岭南职业技术学院师生的心灵。报告结束后，同学们自然不会放过这一次与英雄面对面交谈的机会。一位同学当场提问：

"现在国家号召大学生到西部去，如果我们去西部工作，要做哪些准备呢？"龙梅、玉荣回答说："如果你们这些沿海城市的大学生、青年人才到西部去工作，那是我们迫不及待的愿望，西部作为欠发达地区，我们这些在那里生长、工作的人心里也很着急，希望西部尽快发展起来，因为不想拖国家的后腿啊。所以，你们如果到那边去，会有广阔的发展前景和施展空间，而且，只要你们找到我们，我们都会尽力为你们牵线搭桥的。"

12月16日，在"草原英雄小姐妹"龙梅和玉荣精神的感召下，广东岭南职业技术学院播种西部爱心行动正式启动。据了解，该院发出了积极投身西部大开发的倡议以后，三十多名师生立即报名响应，在倡议书上郑重地签下了自己的名字，决定到内蒙古支教。在支教内蒙古期间，广东岭南职业技术学院将给这些师生发放生活补贴，并且承诺两年支教期满以后，表现优秀的学生可以留院工作。同时，广东岭南职业技术学院还决定在内蒙古贫困地区筹建一所希望学校。

畅谈当代青年与社会责任

2005年11月23日下午，"草原英雄小姐妹"龙梅和玉荣莅临广州大学，与大学生面谈"当代青年与社会责任"，给同学们带来一次深刻的精神洗礼。

"是什么，让这对小小年纪的姐妹做出那样感人的抉择？"玉荣说："我们那时还是孩子，当时也有机会丢下羊群回家，可是我们接受的家庭教育非常严厉。说实话，当时我们年幼，没有很高的思想境界，也想不了那么多，只有一个信念，别让集体的羊丢一只。""用自己的生命健康换公社的羊，这样做是不是太傻？"玉荣说："如果你生活在那个年代，你也会那样做的……一个人活着，不能光顾着自己，还要想想国家、集体、他人。只有这样，人生才有价值，才有意义。""为384头羊付出惨痛的代价，会后悔吗？"玉荣回答："不后悔……我们只是在关键时刻为党、为人民做了我们该做的事。四十多年来，党和人民没有忘记我们，他们给了我们很多的荣誉和无微不至的关怀。"

英雄难当，活着的英雄更难当。"在鲜花和掌声中长大，我们从小就有压力，平时要比别人更加严格要求自己。这么多年来，我们一直坚持学习各时期的英雄模范事迹，我们常常扪心自问，我们究竟为党和人民做了什么？我们所做的与党和人民给予的荣誉有没有差距？……我们不能吃老本，我们还得继续为党和人民做贡献。"这些年来，她们一直在为祖国、为人民、为下一代尽心尽力。

关于青年的社会责任感，玉荣说："时代不同了，你们主要还是要珍惜时光，刻苦学习，早日成才，报效祖国。""不要虚度年华，应该

生活得有点价值。""今天的幸福生活来之不易……"同学们纷纷
表示，应该学习她们从小就勇于挑起"社会责任"这副担子的精神，
并把这种精神付诸实践。事情不必轰轰烈烈，重要的是我们能有
一种集体意识，一份社会责任感，从身边做起，从小事做起，以
最为平实的言行证明当代青年大学生的社会良知和责任心。

与青少年面对面

2004年5月25日上午，呼和浩特市赛罕区锡林南路小学隆重
举行"龙梅、玉荣中队"授旗仪式。龙梅、玉荣是四十年前著名的"草
原英雄小姐妹"，在全国重视和加强未成年人思想道德建设的形势
下，呼和浩特市在少先队中成立"龙梅、玉荣中队，"对于让今天
的少先队员感受当年的英雄事迹，在新时代弘扬"草原英雄小姐妹"
的精神，具有十分重要的意义。为贯彻《中共中央国务院关于进一
步加强和改进未成年人思想道德建设的若干意见》，呼和浩特市还
将面向全市各族少先队员突出未成年人思想道德建设的主题，开
展大量活动。

2008年5月4日，由内蒙古自治区团委主办的纪念改革开放
30周年内蒙古青年群英会英模代表走进高校活动，分别在内蒙古
大学、内蒙古师范大学、内蒙古农业大学、内蒙古工业大学等四
所高校举行。龙梅、玉荣、廷·巴特尔、刘泽明、全二平、杨俊平、
刘小杰、安丽清、莫峰九名英模代表，与两千余名高校学子围绕"强
国之路青春使命"和"激情草原创业青春"两个主题进行了交流
座谈。

2009 年 6 月 20 日，当二里沟中心小学的老师宣布，"草原英雄小姐妹"龙梅和玉荣来到现场时，京蒙两地的小朋友顿时沸腾了，他们欢呼着将龙梅、玉荣迎进了礼堂。龙梅、玉荣向小朋友们讲述了她们为保护国家财产与暴风雪拼死搏斗的英雄事迹，现场所有的人都为之动容。来自土右旗的带队老师刘芳告诉记者："当听到草原英雄小姐妹来到现场时，我顿时热泪盈眶，那种身为内蒙古人的自豪感和骄傲感不禁油然而生。"

2009 年 11 月 9 日下午，"草原英雄小姐妹"龙梅、玉荣走进江苏省无锡连元街小学中队，与少先队员面对面交流。当日，无锡少先队"学英雄、学先锋、争当'四个好少年'"主题活动在连元街小学举行。应邀参加活动的各个年代的少先队员代表和当代"红领巾"与龙梅、玉荣面对面，了解英雄事迹，学习英雄精神。在活动现场，无锡团市委、市少工委聘请龙梅、玉荣担任无锡市少先队荣誉辅导员。

2010 年 5 月 30 日，"草原英雄小姐妹"龙梅、玉荣应包头市白云区委、区政府的邀请，到白云铁矿第二小学参加"英雄在我心中"主题中队会，与学生互动交流。为了进一步扩大"草原英雄小姐妹"的影响力，白云矿区投资 2000 万元新建了文化艺术中心，装修了 493 平方米的"草原英雄小姐妹"事迹展览馆，采用声光电、视频、实物等表现手法，集中展示"草原英雄小姐妹"的英雄事迹和成长历程。小姐妹与白云区的孩子们是老朋友了。2009 年 8 月 12 日，在包头市白云区"草原英雄小姐妹"事迹展览馆，龙梅、玉荣为青少年写励志词。8 月 13 日，龙梅、玉荣在包头市白云区给少年儿童讲述她们的故事。

⊙→ 回报社会

★★★★★

"草原英雄小姐妹"商标注册造福家乡人民

"草原英雄小姐妹"的身份，经常被

人冒充。有一次，在外地出差的龙梅对酒店服务员说，我们是从内蒙古来的龙梅和玉荣，顿时有人围拢上来问："你们真是'草原英雄小姐妹'龙梅和玉荣吗？前几天龙梅和玉荣从酒店刚走。"龙梅惊奇地说："怎么可能呢？我们才是真正的龙梅和玉荣。"但没有人相信。包头政协的一位副主任同龙梅和玉荣一起去北京参加活动，在活动期间听说有人在某著名的旅游区冒充龙梅、玉荣混吃混喝，便赶了过去。只见两个穿着蒙古袍的女士正忙着签名推销产品，这位副主任问："你们认识龙梅、玉荣吗？"冒牌的"龙梅、玉荣"一看势头不对，赶紧溜了。龙梅和玉荣很少在商业化的场面露面，且为人低调，几乎没有人怀疑"冒牌货"的真实性，给她们的形象带来了不好的影响。达茂旗在新宝力格苏木的建有龙梅、玉荣爱国主义教育基地，龙梅说："这是一个很好的创意，可惜这个基地没有得到很好的开发和利用，倒是我们过去住过的地方，每年去的外地游客很多。"原来，父母到呼和浩特定居后，老房子作价2000元卖给了表弟，表弟很有心计，打出"龙梅、玉荣旧居"的招牌，招揽游客。近几年，有关部门也想利用"草原英雄小姐妹"的社会影响，打造一种属于内蒙古的英雄品牌，但大多没形成规模效应，这一品牌一度被闲置和滥用。

针对社会上有些名人忙着作报告、拍广告、拉赞助，凭名气生活得"红红火火"的现实，龙梅坦言，确实有不少人找过她拍广告，但她一心只想做个普通人，一概谢绝。玉荣则和姐姐的观点略有不同，她说，在残联工作时，自己就是凭借着"草原英雄小姐妹"的荣誉，为残疾人办了好多实事。她觉得，如果既不损害国家利益，还能为人民谋福利，何乐而不为呢？对感恩回报的事，龙梅和玉荣也有分歧，玉荣想利用"草原英雄小姐妹"的品牌影响力来吸引企业投资。为此，她说服姐姐自己掏钱在工商部门注册了"草原英雄小姐妹"的商标。龙梅说，她和玉荣的初衷是一样的。

　　近年来，不少机构想用龙梅、玉荣的"名人效应"做宣传，姐妹俩有个底线：除了公益事业，一切免谈。她们像当年守护羊群一样，守护着"草原英雄小姐妹"的"品牌形象"。"我们是普通牧民家的孩子，从鲜花和掌声中走过来。这么多年，就为国家做了一件事情，能说得过去吗？"龙梅和玉荣总想为国家和社会多做点什么。"我们是工薪阶层，自己的力量有限，就想运用自己的社会知名度为家乡多做点事，为了民族、为下一代多做点事，达茂旗经济仍欠发达，很多孩子上到小学就辍学，有的孩子十几岁才读小学一年级。我们特别希望能借爱国主义教育基地这个平台，让更多热心人士到我们那儿去献爱心，办学校、敬老院。"玉荣说。目前，她们已将"草原英雄小姐妹"申请注册为商标。2005年7月，她们筹划一年多的"草原英雄小姐妹"爱国主义教育基地在呼和浩特和她们的家乡正式开放，短短几个月时间已接待超过5000人次前来参观。"作为普通牧民的孩子，41年了，大家还没有忘记我们，我们特别想为家乡做点事。"她们说，来的人多了，也能让父老乡亲从旅游产业中受益。

　　姐妹俩"想为家乡做点实事"的迫切心情溢于言表。玉荣告诉记者：现在已经有人在利用我们的名人效应挣钱。如果我们不注册，也许还会有人用"草原英雄小姐妹"的名义生产商品呢，我们要保护好党和人民给予的荣誉。她们说："希望通过自己的社会知名度，多宣传家乡，改变家乡的落后状况，尽快提高家乡人民的生活水平，这是我们姐妹俩对家乡的责任。"龙梅认为，打造"草原英雄小姐妹"的牌子，不能依靠政府，"在市场经济的今天，打造品牌，可能最终还得走市场化的道路"。她现在想到了一个好办法，就是"回报感恩龙梅、玉荣爱国扶贫基金"，主要来源靠企业赞助。"我想在退休之后，利用我们的影响力，来为社会多做些有益的事，比如扶贫济困，以此回报社会，当然这里面需要一个类似经纪人的管理班子来具体操作。"

深圳探访武警部队

"我当了六年兵，儿子也是当兵的，见到你们真亲切！"2005年11月25日上午，"草原英雄小姐妹"龙梅和玉荣来到深圳，刚见到武警边防十一支队的战士们，龙梅大姐就亲切地和他们话起了家常。

边防十一支队的官兵们心情还没有平复。11月7日，年仅20岁的战士艾伟在缉私行动中壮烈牺牲，被授予"鹏城青年卫士"称号。

听着战士们介绍艾伟的事迹，两位大姐面色凝重。"去看看孩子吧。"登上缉私的快艇"大飞"，龙梅和玉荣大姐来到艾伟牺牲的海域，亲手把鲜花撒向大海，祭奠年轻的生命。

听说"草原英雄小姐妹"要来深圳，"特区活雷锋"陈观玉大姐早早就来到了沙头角武警中队，陈大姐亲手画了一张"草原英雄小姐妹"画像，并写下了"向英雄姐妹学习"题签，送给龙梅和玉荣。

奉献爱心

在内蒙古妇女儿童活动中心，记者见到了参加助残活动的"草原英雄小姐妹"——龙梅和玉荣。面对记者的采访，姐姐龙梅谦虚地对记者说："我今年是第一次参加这项活动，你还是采访玉荣吧！她去年就参加这项活动了，今年她又领取了毛线，还要编织爱心毛衣。"玉荣对记者说："我们都是为人父母的，希望能够用自己的实际行动带动更多的父母来参加这个非常有意义的活动。这些孤残儿童是不幸的，他们有的失去了健康，有的缺少父母的关爱。我们要为这些不幸的孩子献上一份爱心，让他们感受到社会大家庭的温暖，健康快乐地成长。"

随后，龙梅又对记者说："现在都在强调构建和谐社会，我想，爱心父母为孤残儿童编织爱心毛衣的举动也是构建和谐社会的一部分吧！在妹妹的带动下，我今年也要织一件毛衣，来奉献自己的爱心。"就在启动仪式即将结束的时候，姐妹俩已经开始一针一线全神贯注地织了起来。

△ 玉荣出席慈善活动

　　2006 年 1 月 15 日，"呼唤——把爱心奉献给孩子"爱心毛衣慈善拍卖会在北京举行。"草原英雄小姐妹"关爱着孤残账单，玉荣亲自出席拍卖会，并与拍得自己所织毛衣的爱心人士合影。

赴温州宣传草原文化

　　2006 年 3 月 8 日，来温州参加"中国北方草原游牧文化展"的"草原英雄小姐妹"是展厅中的焦点，42 年前的英勇事迹使她们成为众人的偶像，观众纷纷要求与她们合影留念。当日上午，龙梅和玉荣姐妹俩刚下飞机，就风尘仆仆地直奔温州博物馆参加"中国北方草原游牧文化展"开幕仪式，当身穿蒙古族服饰的龙梅、玉荣站在台上时，立即成为全场的焦点。在展厅里姐妹俩总是形影不离，脸庞上挂着蒙古族人特有的淳朴笑容，对于要求合影和签名的观众一一满足。

第二次来温州的姐姐龙梅说："我们感觉温州的城市建设发展速度很快，富有现代化气息。现在内蒙古经商的温州人很多，东河区温州籍政协委员就有十几位，他们中不少人在当地经营的企业相当成功。"妹妹玉荣说："在呼和浩特的闹市区就有一条温州街，她们作为在政协部门的工作者，就是广交朋友，为了促进内蒙古经济的发展，已经多次与在外温州人交流沟通，希望温州人到草原投资。2004年，曾由姐姐龙梅牵头，从温州吸引5000多万元的资金在内蒙古投资。"

姐妹俩表示，她们在家乡时就经常听温州商人讲述温州人的创业故事，此次来温州在宣传草原文化的同时，她们还将参观温州知名的民营企业，学习温州人的创业精神，把温州民营企业先进的管理模式和经营方式带回草原，与家乡的企业分享。

现场捐赠感动青城观众

2006年6月10日晚，呼和浩特市铁路工人文化宫能够容纳1500人的大礼堂座无虚席，唱响《让世界充满爱》的旋律。由内蒙古人民广播电台FM93.6音乐之声与中国博客网共同主办的

"首届美女博客大赛"奖金捐赠仪式即将在这里举行。尽管事先尚未有大范围的媒体预热，但闻讯而来的社会各界人士以及北京、内蒙古"博友"们还是将偌大的礼堂挤得水泄不通。这台名为桥华世纪村爱心演唱会《用我的心牵你的手》的晚会从当晚 8 时开始，整整进行了两个小时，而晚会的主角正是正值花样年华的姑娘："首届美女博客大赛"一等奖得主北

△ "草原英雄小姐妹"在温州

大 EMBA 学子伊澜专程从北京赶来，将自己获得的两万元奖金现场捐赠给自强不息的爱心女孩叶青。著名歌唱家德德玛倾情演绎自己的保留曲目，并当场捐给叶青 5000 元钱。被人们广为传颂的草原英雄小姐妹玉荣、张海迪、寒星等现场为叶青捐款、赠送礼物，并鼓励叶青一定要坚强生活，笑对人生。

设立草原旅游区开发建设项目

2007 年 4 月 23 日，内蒙古新闻网发布了龙梅、玉荣设立的草原旅游区开发建设项目。

项目单位：包头市达茂旗旅游局

项目简介："草原英雄小姐妹"龙梅和玉荣的英雄事迹发生在 1964 年，原全国人大副委员长乌兰夫亲笔题词，高度赞扬龙梅、玉荣大公无私的拼搏精神，并号召全区青少年向"草原英雄小姐妹"学习。英雄小姐妹的事迹通过新闻媒体传遍了全国各地，文学艺术界也将英雄事迹搬上了银幕舞台。如今这里的草原水草丰美，夏季凉爽宜人，民族风情浓郁，人文古迹众多，有必要建设这一旅游区。

建设内容：新建多功能展览厅 1 座，铸造"草原英雄小姐妹"青铜塑像，新建草原观光游览、娱乐设施和服务中心大楼等。

建设条件：旅游区距百灵庙镇 75 公里，距包头市 178 公里。

投资估算：总投资约 6000 万元。

效益预测：预计年接待游客 10 万人次，实现收入 5000 万元、利润 2000 万元。

前期工作：正在进行规划编制和旅游区连接道路建设。

合作方式：合作、合资、独资。

联系单位：内蒙古包头市旅游局。

携手传递奥运圣火

2008 年 7 月 9 日，北京奥运会火炬在草原钢城包头市传递，铭刻在上世纪五六十年代人心中学习的榜样"草原英雄小姐妹"龙梅和玉荣为奥运圣火的传递再度携手，作为包头站 104 名火炬手中的最后一棒火炬手，同举一把火炬，在终点共同点燃了圣火盆。这对草原英雄小姐妹的故事，在历经四十多年后仍然为众人所知并闪烁着耀眼的光辉。今天，姐妹俩同举圣火，将草原人民喜迎奥运的激情点燃并推向高潮。

时光荏苒，或许现在的很多少年并不太熟悉她们的事迹，但两人身上所体现出的坚强精神不会因岁月的冲刷而褪色。今天，姐妹二人一起高高举起象征着奥运精神的圣火，手挽手跑过包头站的最后一段传递路程，她们不停地向周围夹道欢迎的群众挥手致意，灿烂的笑容洋溢在她们脸上。"从北京申办奥运会成功那天起，只要有关奥运的活动，我都会积极参加。奥运会第一次在中国举办，我能有幸参与其中，这令我备感幸福。为能在火炬传递那一时刻展示风采，我每天都在健身，要以最好的状态完成火炬传递的任务。"年过半百的火炬手龙梅，为自己能在草原上传递奥运精神而十分激动地说。"祝愿北京奥运会圆满成功，祝愿我们伟大的祖国繁荣昌盛，人民幸福安康，希望包头建设得更美丽，人民更加幸福。"龙梅告诉记者，自从成为火

△ 奥运火炬手

炬手的那天起，她就精心准备着，希望自己能圆满完成火炬传递任务的同时，也能把草原人民喜迎奥运的激情传递和展现给世人。

长期以来，"更快、更高、更强"的奥运精神一直鼓舞着姐妹俩战胜残疾，她们将以饱满的热情在草原上传递奥运精神。"说实话，参与比什么都重要，能够选上本身就是一种荣誉，所以我不会去选择跑哪一段路，每一段路对我来说都是意义非凡。"火炬手玉荣说："从得知当选北京 2008 奥运火炬手那一刻起，我的内心就一直不能平静。这是全国人民期盼已久的盛会，作为一名普通公务员能近距离地参与其中，我感到非常幸运、光荣和自豪，这将是我人生中的一大亮点，也是我此生最值得回忆和珍藏的一件大事。"

在熊熊燃烧的奥运圣火盆前，龙梅和玉荣激动地说："能作为一名火炬手感到无比光荣，中国百年的奥运梦想终于实现，草原儿女将告诉全世界，我们将和全国人民一道支持北京奥运会。"

出任消防形象大使

四十多年前，一对草原小姐妹，为了保护集体的羊群与暴风雪殊死搏斗，她们的感人事迹犹如一曲悠扬的牧歌，回荡在广袤的大草原上，传遍祖国大江南北，影响了一代又一代人。她们被誉为"草原英雄小姐妹"。如今，昔日的"英雄小姐妹"龙梅和玉荣已年过半百，但她们依然用自己的热情和执着做着许许多多感人的事情。近日，姐妹俩又以包头市消防宣传形象大使的崭新身份携手亮相于大家眼前，服务社会，利国利民，作为特殊的消防志愿者，姐妹俩将继续书写英雄的辉煌。

2009年4月28日，包头市公安消防支队在昆区阿尔丁广场举行了"平安迎接五四，飞扬志愿青春"消防志愿者普法行动大型宣传活动。在活动现场，"草原英雄小姐妹"龙梅、玉荣被聘为包头市第一任消防宣传形象大使，消防官兵还向广大群众展示了灭火技能，同时大力宣传将于5月1日施行的新修订的《消

△ 玉荣与民革党员在一起交谈

防法》。

在聘任仪式上，姐妹俩激动地说："被聘为消防宣传形象大使，不仅是对我们的肯定，也让我们更多了一份责任感，在以后的时间里，只要有机会，我们就会不遗余力地宣传消防安全知识，让更多的人走近消防，远离火灾，多一份平安。我们有义务让更多的人了解消防、关心消防、支持消防，这是我们最大的愿望。"

成为消防形象大使后，龙梅、玉荣姐妹俩详细学习了 2009 年 5 月开始实施的新《消防法》，并对新《消防法》中新规定的法律责任、新加消防违法行为的处罚力度、公民应尽的责任等内容做了详细了解。为了进一步扩大消防宣传的力度和范围，近日，龙梅和玉荣在包头市消防支队的邀请下在包头电视台拍摄录制了以宣传新《消防法》为主题的消防公益广告。公益广告中，龙梅、玉荣围绕"关爱生命，关注消防"的主题展开消防知识传播，呼吁广大人民群众学习遵守《消防法》，共同携手创造良好的消防安全环境。录制过程中，龙梅、玉荣认真敬业的态度和平易近人的性格得到了在场所有人的钦佩。公益广告录制完成后，姐妹俩高兴地说："让更多的人走近消防，远离火灾，是我们最大的愿望。我们要通过自身号召力发动更多的人了解消防、关心消防、参与消防，为实现全社会拥有一个更加平安、和谐的消防安全环境而努力。"

提起消防，龙梅还有割舍不下的一段感情，因为他的儿子曾经也是一位消防战士。如今，儿子虽然已经退伍，但心底却凝聚着解不开的消防情结。得知母亲成为消防形象大使，儿子骄傲

老姐妹弘扬新精神

自豪的心情溢于言表。在生活中，儿子还常常以一名"消防老兵"的身份向母亲介绍一些基本的消防常识，而每当这时，龙梅则虚心地向儿子学习，要争取做一名名副其实的消防形象大使。现在，龙梅、玉荣最大的心愿就是希望能利用自己的社会影响力为社会做更多的有意义的事，为社会的发展和进步发挥余热，为消防知识的普及和消防事业的发展做出自己的贡献，从而续写英雄事迹，不辱英雄称号。

支持五大自治区主流都市报新闻大型采访活动

2009 年 8 月 10 日，由伊利集团全程赞助支持的伊利同行走进内蒙古"向祖国汇报——五大自治区主流都市报新闻联动"大型采访活动在内蒙古日报社大楼前隆重启动。自治区党委宣传部常务副部长毕力夫出席启动仪式并为采访活动授旗。自治区党委宣传部、内蒙古日报社、北方新报社、伊利集团有关领导与新疆维吾尔族自治区《新疆都市报》、宁夏回族自治区《现代生活报》、西藏自治区《西藏商报》、广西壮族自治区《南国早报》的社长、总编辑一同参加了启动仪式。"草原英雄小姐妹"龙梅、玉荣，草原母亲都贵玛应邀出席启动仪式并且为担负采访任务的各路记者赠送了蒙古袍。

担任蒙牛爱心大使依然感动中国

为了掀开波澜壮阔的时代画卷，再现 100 位新中国成立以来感动中国人物的光辉形象，2009 年 11 月，新华社与中央党史研究室、广东省委宣传部联合摄制的百集电视纪录片《感动中国——共和国100人物志》在中国教育电视台、广东卫视、东方卫视等多家电视台热播。当玉荣、龙梅这对"草原小姐妹"从保护羊群的"最鲜艳的花朵"到参与蒙牛公益送奶成为"牛奶爱心大使"的故事再次展现在人们面前时，引起了观众的强烈反响。

"草原英雄小姐妹"命名距今45年过去了，昔日小姐妹近况如何？纪录片为我们回答了疑问。当画面呈现出这对年逾四十的"草原小姐妹"以"蒙牛爱心送奶大使"的身份，走到孩子们中间的时候，有位网友激动地评论道："感动中国的不仅是当年那支鲜艳的花朵，更多的来自他们几十年来践行共产主义信仰，关爱社会的拳拳报国心。"

温总理曾给予整个乳业厚望，留言"我有一个梦，让所有的中国人，首先是孩子，每天能喝上一斤奶"。总理的殷切期盼如今已经成为国内乳业的责任，由蒙牛乳业发起的牛奶爱心行动已经持续三年，包括小姐妹在内的多位爱心送奶大使走遍全国的边穷地区。在接受采访时，小姐妹表示，"内蒙古大草原成长出了很多'草原英雄'，我非常激动我们内蒙企业蒙牛能够为全国的贫困地区孩子送去牛奶、送去爱心。"

根据内蒙古社科院的一份专题社情调查资料，社会各界对"草原英雄小姐妹"的事迹非常了解和比较了解的人高达80％，可以说，"草原英雄小姐妹"的事迹不断哺育着我们每一个中国人的英雄情结。和这对姐妹朴实无华的外表相比，她们不辱使命，倾其全力地为全社会上的这堂生动感人的共产主义信仰课程，不仅展现了前辈的奉献精神，更描绘出生命的更高境地。

→ 星光无限

★★★★★

龙梅、玉荣是那一代人的偶像，红遍全国，星光四射。姐妹俩曾当选为全国人大第四、第五届代表，龙梅曾是党的十大代表，玉荣曾是团十一、十二大代表，中国残联一、二、三届代表，还获得全国扶残助残先进个人、自强模范称号。1969 年国庆节时，应周恩来总理的邀请，到北京参加国庆 20 周年庆祝活动。在庆祝活动中，周总理亲自安排龙梅、玉荣在中南海住了 15 天。姐妹俩还一同出席了周总理主持的国宴，一同登上天安门城楼参加国庆大典，一同受到毛主席的亲切接见。龙梅还去过法国、日本访问，玉荣去过罗马尼亚、韩国等访问。四十多年来，姐妹俩一直是媒体关注的焦点。

△ 成为英雄后的小姐妹合影

"草原英雄小姐妹"入选中国少年儿童运动陈列馆

那年姐妹俩加起来还不到 20 岁，在接近零下 40 摄氏度的暴风雪之夜以自己的身体三度冻伤并失去双脚为代价保住了集体的 384 只羊，创造了草原上的奇迹，奏响了一曲共产主义凯歌。她们的事迹，鼓舞了一代又一代的少年儿童。据 1999 年中国少年先锋队全国委员会发布的消息：最近，将在北京建立中国少年英雄纪念碑，同时还建有中国少年儿童运动陈列馆，王二小、刘胡兰、龙梅、玉荣等英雄事迹将陈列其中。1999 年 5 月，"草原英雄小姐妹"玉荣在北京参加纪念中国少年先锋队建队 50 周年大会时，与其他代表一起受到时任国家副主席胡锦涛的亲切接见。

美丽女人花"三八"节绽放内蒙古草原

2007 年三八节前夕，经内蒙古自治区妇联推荐，"草原英雄小姐妹"以其感人事迹入选自治区成立 60 年来最具代表性的 6 位女性，美丽女人花绽放草原，她们的风采永远美丽。在接受记者采访时，玉荣说："党和人民给了我们无微不至的关怀，把我们从普通的农牧民培养成民族干部。三八妇女节到了，在这里我祝全区的广大妇女节日快乐。另外，我希望妇女同胞在自己的岗位上做出不平凡的业绩，希望全区各族妇女生活更加美好。"

"草原英雄小姐妹"参加首届中国青年群英会

在纪念中国共产主义青年团成立 85 周年、五四运动 88 周年之际，共青团中央隆重召开"我与祖国共奋进"中国青年群英会，龙梅、玉荣等 226 名新中国成立以来各个历史时期的优秀青年代表欢聚在首都北京。一串串闪光的名字，一个个光荣的称号，记录下了共和国发展征程上一段段激动人心的故事，也铭刻下了共和国历史丰碑上永恒的青春与荣耀。半个多世纪以来，始终有一群胸怀理想、热血沸腾的青年，自觉自愿地与祖国共命运、同奋进，休戚与共。他们用理想的光芒照亮人生之路，用青春的激情唱响奉献之歌，为祖国的建设、改革和发展贡献了青春、智慧和力量。他们创造了各自的历史，他们的人生也为之改变……

2007 年 5 月 4 日，中共中央总书记、国家主席、中央军委主席胡锦涛致信中国青年群英会，代表党中央向全国广大团员和各族青年致以节日的问候，向新中国成立以来各个时期的青年英模致以崇高的敬意。胡锦涛在信中充分肯定了一代又一代青年为社会主义革命、建设、改革事业做出的重要贡献，高度评价了一大批可歌可泣的青年英模取得的突出业绩。胡锦涛指出，青年英模的奋斗实践充分表明，青年只有在党的领导下，积极投身人民创造历史的火热实践，坚持与时代同步伐，与祖国共命运，与人民齐奋斗，才能拥有壮丽的青春，才能实现人生的美好理想。

"草原英雄小姐妹"光荣当选"百位感动中国人物"

为了深入开展群众性爱国主义教育活动，迎接新中国成立60周年，中央组织部、中央宣传部、中央统战部等部门联合组织开展了"100位为新中国成立做出突出贡献的英雄模范人物和100位新中国成立以来感动中国人物"评选活动。活动组委会号召广大群众热烈响应本次活动，通过报纸选票、网络投票和手机投票三种方式参与评选。工作在内蒙古这片土地上的廷·巴特尔、李国安、龙梅和玉荣用自己的实际行动为国家的建设发展做出了突出贡献，被评选为"100位新中国成立以来感动中国人物"候选人。

2009年9月，作为"100位新中国成立以来感动中国人物"之一的"草原英雄小姐妹"龙梅和玉荣，在北京参加"双百人物"代表座谈会时，与其他代表一起受到胡锦涛等党和国家领导人亲切接见。龙梅、玉荣表示：我们早已从小姐妹变成老姐妹了，没想到祖国和人民依然记着我们。转眼间，新中国已迎来60华诞，我们最大的感受就是没有伟大祖国，就没有我们姐妹俩的今天。她们寄望，人人都为集体搂柴添火，将伟大祖国的希望之火越烧越旺。

英雄精神影响深远

时代需要英雄，时代也造就英雄。英雄莫问出处，英雄自在我们心中。尤其在这个沧海横流、价值多元化的时代，对英雄的精神体认更显真诚和珍贵。哲学家黑格尔曾指出，一个民族有一些关注天空的人，他们才有希望。

"关注天空就是关注精神世界，所以我们需要有这样一些创造精神世界的人。"中国青年五四奖章获得者、军事科学院军队政治工作研究所副所长公方彬表示："我们民族核心价值观的实现，光有理论不行，还要借助载体，英模就是为我们的精神家园、核心价值和主流精神奠基的人。""他们都是在时代精神、民族精神的影响下成长起来的，他们都是时代造就的英雄。他们今天的大聚会，会激励更多的青年人把自己的命运和祖国的命运连在一起，适应国家发展的需要，为民族和祖国的崛起而奋斗。"团中央青运史档案馆副馆长李玉琦评论说:"时代需要英雄，时代也造就英雄。随着时代的发展，涌现青年典型的领域更加广泛和多元化。唯一不变的，是一代代有志青年与祖国共奋进、与时代同发展、与人民齐奋斗的那份沉甸甸的责任感和使命感。"

→ 红色经典

☆ ☆ ☆ ☆ ☆

那场暴风雪之后，全中国都知道了"草原英雄小姐妹"的故事。无数记者、作家、诗人、编剧、作曲家为之感动，纷纷致力于这个故事的描写，创作了动画片、芭蕾舞剧、儿歌、现代京剧、琵琶独奏曲、木偶剧等。"草原英雄小姐妹"经过多种艺术形式的演绎后，艺术形象深入人心，早已不只是一对姐妹保护公社羊群的故事，而成为几代人心中难以磨灭的红色经典。

美术片

1964 年，上海美术电影制片厂摄制了动画版《草原英雄小姐妹》，这部在美术电影史上产生深远影响的影片，也深深影响了那一代少年儿童的心灵。美术片《草原英雄小姐妹》是我国第一部严格意义上的仿真动画片。剧情着重反映小姐妹如何与风雪做斗争，剧中不乏营救被雪地掩埋的羊羔、走着走着掉了一只鞋子等生动的细节。小姐妹的造型遵循了中国动画片人物一贯的"浓眉大眼"原则，刚毅中又不失可爱。这部美术片体现了一种高度写实的风格，这与同时期的中国水墨动画片风格迥异。片中，民族音乐与画面的结合相得益彰，特别是表现龙梅与玉荣在暴风雪中护羊的情节时，快节奏的民族音乐伴随着画面中呼啸的暴风雪，映衬出两个小姐妹的勇敢与保护公社财产的决心。穿插在剧情中有多段的内蒙古音乐风格的歌曲，特别是《草原赞歌》旋律欢快、节奏活泼，抒发了在党的领导下，草原人民获得新生的喜悦与自豪。虽然是一部美术动画片，但是创作组认真参考了玛拉沁夫写的报告文学，用尽可能接近生活真实的手法来塑造英雄人物。该片问世后大受欢迎，于1980年获全国第二届少年儿童文艺创作三等奖。如今，这部影片仍然不时在电视上播放。

连环画

"草原英雄小姐妹"连环画出了大概五个版本——《英雄小姐妹》（中国少年儿童出版社，1965年5月）、《草原小姊妹》（人民美术出版社，1965年6月）、《草原小姐妹》（天津人民美术出版社，1965年8月）、《草原两姊妹》（上海少年儿童出版社，1965年9月）、《草原英雄小姐妹》（上海人民出版社，1970年11月）。第一批也是最集中的"草原英雄小姐妹"故事连环画，出自两姐妹被广泛宣传的1965年。上海人民出版社根据1965年上海美术电影制片厂拍摄的美术电影故事片《草原英雄小姐妹》，于1970年11月出版了《草原英雄小姐妹》连环画。这本连环画在全国的影响很大，不仅内蒙古、新疆等地的出版社将其改编成民族文字出版，外文出版社还据此出版了英、法、日等文字的连环画。如今，这些"草原英雄小姐妹"连环画，不仅成为众多小人书爱好者收藏的目标，也勾起一代代人心中美好的回忆。"文革"结束以后，依然有一些出版社如人民美术出版社于1980年、农村读物出版社于1990年、接力出版社于1991年继续出版"草原英雄小姐妹"故事连环画。

儿 歌

在由龙梅和玉荣的事迹衍生出的各种艺术形式里，儿歌版无疑是最耳熟能详的。"天上闪烁的星星多呀星星多，不如我们公社的羊儿多；天边飘浮的云彩白呀云彩白，不如我们公社的羊绒白……"儿歌《草原赞歌》是美术片《草原英雄小姐妹》的主题歌，巴·布林贝赫作词，吴应炬作曲。这首歌具有鲜明的内蒙古音乐的神韵。它并没有单纯地歌颂龙梅和玉荣舍身忘己的精神，而是以跳跃活泼的节奏，欢快爽朗的旋律，荡漾着的勃勃朝气，在喜悦与自豪中展现了一幅"风吹草低见牛羊"的草原家乡兴旺发达的迷人图景，以优美的词句表现了美丽神奇的内蒙古大草原和少数民族群众对共产党和伟大领袖的热爱之情，从而与其他的草原歌曲一道唤起人们对无边大草原上单纯生活的向

草 原 赞 歌

美术片《草原英雄小姐妹》插曲

1=E $\frac{2}{4}$
快 有朝气

巴·布林贝赫词
应 矩曲

（乐谱）

1.天上闪烁的星星多呀，星星多，　　不如我们公社的羊儿
2.草原开放的花儿多呀，花儿多，　　不如我们新盖的厂房

多；天边飘浮的云彩白呀，云彩白，不如我们公社的
多；山间的花鹿跑得快呀，跑得快，不如我们公社的

羊绒白。啊哈嗬嗬啊哈哈嗬嗬不如我们
汽车快。啊哈嗬嗬啊哈哈嗬嗬不如我们

公社的羊绒白。啊哈嗬嗬敬爱的
公社的汽车快。啊哈嗬嗬敬爱的

毛主席呀，毛主席，草原在您的

阳光下兴旺。敬爱的共产党呀，

共产党，小牧民在您的教导下成长

小牧民在您的教导下成长。

△《草原英雄小姐妹》主题曲

往。《草原赞歌》获全国少年儿童文艺创作音乐三等奖，2005 年 12 月入选"感动我们的 100 首金曲"，2009 年 9 月入选《歌声飘过六十年——献给祖国的歌》。

木偶剧

木偶剧《草原红花》由中国木偶艺术剧团

△ 木偶剧剧照

打造，是该团一级木偶演员关剑青的代表作，如今依然是该团的保留剧目。木偶剧以儿童喜闻乐见的形式来讲述小英雄的故事，龙梅和玉荣都是孩子，她们的故事自然也很受孩子们的欢迎。而跟孩子们讲故事，木偶剧是最好的载体。该剧直到现在仍经常与《大闹天宫》、《天鹅湖》、《绿野仙踪》等国内外童话题材的木偶剧一道，带给孩子们无尽的快乐。

现代京剧

1964 年 3 月 27 日，内蒙古艺术剧院京剧团首次排演现代京剧《草原英雄小姐妹》，乌兰夫等领导观看了首场演出。同年 6 月，在全国京剧现代戏观摩演出大会上，内蒙古京剧团演

英雄精神影响深远

出的《草原英雄小姐妹》受到周恩来、罗瑞卿等当时国家领导人的一致好评。这是京剧舞台上第一次出现以蒙古族为表现内容的剧目。京剧版《草原英雄小姐妹》的表现形式在当时可谓"标新立异"，尤其是其中一组八人（后来又发展为十二人）的马舞，台上马鞭的红缨此起彼落，台下观众的心也热血沸腾，令人印象深刻。

琵琶协奏曲

音乐版《草原小英雄》是作曲家吴祖强和琵琶演奏家刘德海于1973年创作的第一首以中国民族乐器琵琶和交响乐队合奏的乐曲。此曲以真实感人的故事为题材，共分五个部分（草原放牧、与暴风雪搏斗、在寒夜中前进、党的阳光照心间、千万朵红花遍地开），在琵琶自身的表现与交响乐队的配合上都取得了良好效果。1976年首演，1978年和1979年在小泽征尔的指挥和波士顿交响乐团的伴奏下两度在美国公演，受到空前好评。整部乐曲由"大珠小珠落玉盘"的琵琶来表现草原上的急风骤雪，无疑丝丝入扣，风格清新活泼，充满活力，具有浓郁的内蒙古民间音乐色彩。

芭蕾舞剧

中国舞剧团1975年编演了舞剧《草原儿女》。经过艺术加工，"草原英雄小姐妹"变成了"草原英雄小兄妹"，剧情是：小兄妹特木耳和斯琴看见原反动牧主巴彦正在毒打大队羊群，斯琴挺身夺过鞭子，挥鞭出牧，然而巴彦跟踪而来割断圈绳，小兄妹在雪夜追羊，保护羊群。

→ 名扬四海

★ ★ ★ ★ ★

下面，是一个网民写的一封信，很普通，但很真挚，颇具代表性。

龙梅姐、玉荣姐：

您俩好！龙梅姐您大我六岁、玉荣姐您大我三岁。我在儿童时看到您俩的英雄事迹，深深地敬佩着姐妹俩。转眼已经几十年，但我一直在挂念着您俩，在这几十年中之后又听到了赞美姐妹俩的歌曲时就倍加思念！

现在姐妹俩应该是五十多岁的人了，您俩现在安好吗？应该抱孙子了吧？您俩现在在哪儿？

我只有借百度帖吧向英雄姐妹问好，祝英雄姐妹快乐长寿！

希望英雄姐妹能看到此帖。

敬佩着您的广东南海人

更值得一提的是，被"草原英雄小姐妹"深深感动的大洋彼岸加拿大一位老奶奶的来信。

一位加拿大籍的老奶奶在偶得一本《草原英雄小姐妹》的连环画后，被里面的故事深深吸引着，随后她又用连环画中生动感人的故事教育自己的孙女。当老人后来得知"小姐妹"的故事是真人真事时，被深深地感动了。她从大洋彼岸给龙梅、玉荣写来情真意切的信，表达了一位加拿大老人对草原英雄小姐妹的敬意和崇拜。《内蒙古日报》特将这位老人的来信和玉荣的回信全文刊登出来，愿"草原英雄小姐妹"的精神，激励一代又一代人自强不息，勇于奉献。

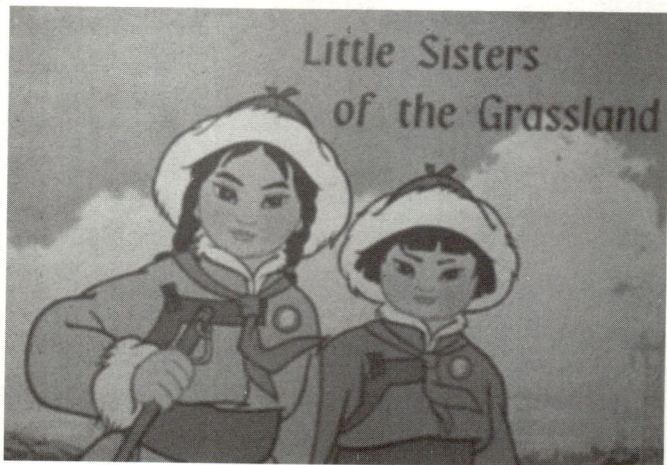

△ 英文版连环画封面

亲爱的龙梅和玉荣：

　　我叫迪妮·维伯，生于荷兰，于1952年来加拿大定居。大约在10年前，我在我们家附近的集市上偶然买到一本《草原英雄小姐妹》的连环画。这本连环画画工精致，惟妙惟肖，生动地讲述了两位生活在内蒙古大草原人民公社里小姑娘的生活以及她们对集体认真负责的态度。我被这个故事深深地感动了，但我当时没有想到这个故事竟然是真的。这是后来才知道的。

　　最近我向我5岁的孙女读这个故事。她对这两个小姑娘在严寒的冬天为了保护384只羊所表现出来的伟大决心和勇气非常感兴趣。我向我的一位华人朋友谈及此事，她告诉我这个故事确确实实是真的。

　　十分凑巧的是，大概一个星期后，多伦多当地的一份报纸上刊登了一篇文章，上面附有你们小时候的照片和现在的照片。照片上的你们看起来真精神，也很幸福。你们现在仍在为自己的国家努力工作，我向你们表示敬意。

　　我写这封信，只想告诉你们，在这个地球的另一端，你们儿时的英勇事迹仍然在备受崇拜，有一位老奶奶在向她的孙女读着这本小人书。

　　我们在此祝你们生活幸福，健康长寿！

　　此致

敬礼

迪妮·维伯

2005年12月29日于多伦多

尊敬的迪妮·维伯女士：

　　您好！

　　当我们收到大使馆转来您的这封信的时候，我们感到十分激动和高兴！我们没想到在大洋彼岸有一位慈祥的老人会如此执着地惦记着我们。

　　我们现在生活得都很好，家庭和睦幸福美满。我的两个女儿都在读大学，老大在日本留学。姐姐龙梅的两个孩子都在工作。和所有同龄人一样，我们姐妹俩也都在各自的工作岗位上努力工作着，用我们的实际行动回报关心爱护我们的人。

　　在40年前的那场暴风雪中，我们姐妹俩只是做了我们应该做的事，却得到了国家和政府的很高褒奖和这么多年来无微不至的关心和照顾，也得到了来自全社会的尊重和爱。40年前的那场大雪虽然使我们失去了肢体，但我们姐妹俩却被更多的来自人们心底最真挚的理解、爱和祝福包围着，在获得的同时我们也在不断地被感动着，心灵也得到了升华，我们获得的远比失去的多得多。因此，我和姐姐一直心存感激，感谢所有关心、爱护我们姐妹俩的人们，也感谢您以及您的家人对我们的关心。正是因为有了您这样的人们播撒着爱心，才使我们地球这个大家庭多姿多彩，充满着爱。再一次衷心地谢谢您和您的家人。

　　在此我们祝福您全家生活快乐，幸福美满。

　　顺致

玉　荣

2006 年 2 月 5 日于呼和浩特

　　据新华网呼和浩特 2010 年 3 月 10 日报道："草原英雄小姐妹"之一的玉荣，保留着一封远隔重洋寄来的令她十分感动的信件。那是 2006 年 1 月 11 日，国务院新闻办与内蒙古自治区外事办公室同时收到我国驻加拿大多伦多总领馆的明传电报。

电报转来一位名叫迪妮·维伯的老人写给龙梅和玉荣的信。这封信距离"草原英雄小姐妹"事迹的发生时间，已经过去了42年。"感动无国界。"玉荣对记者说，她和姐姐的事迹感动了迪妮·维伯老人，而老人用集体主义事例教育孙女，又深深地感动着她们姐妹俩,她说："集体主义精神，在任何地方、任何时代都不会过时。""人活在世上，不能只为自己而活着，要多想想国家、集体，多想想他人。只有大家都好了，个人才能幸福。"这是龙梅和玉荣教育自己的孩子时，经常说的话。

她们时常与外宾交流，曾经遇到一位年届60岁的加拿大老人，用颤抖的双手捧出了自己的一套小人书，这套小人书30年保存完好，封面上的"草原英雄小姐妹"仍清晰可见。老人给她们和在场的人看完这套书，又小心翼翼地包起来，放进随身携带的挎包。"中国的英雄人物了不起。"老人的话令龙梅和玉荣至今激动不已。现在，龙梅、玉荣的精神已跨越国界了。

"我在实际工作中，感受颇深。现在好多外地人来了内蒙古以后，非得要看看龙梅、玉荣不可。"龙梅坦言，"我们有什么好看的，他们要感受的可能就是一种精神，一种爱国、爱家、爱他人的正气。"玉荣说："我记得当时一只羊的价钱是 2 块钱，384 只羊死了 3 只，等于损失了 6 块钱，可是为了这 6 块钱，我落下了终身残疾。"随后，她笑了笑说："精神不能用金钱衡量。"

由此可见，"草原英雄小姐妹"的魅力是永恒的。不管她们的身上烙上哪个时代的烙印，但她们的集体主义精神和品格却不会因时间的流逝而减弱它特有的价值，也不会因为社会的变化而磨灭它内在的光辉。因为"草原英雄小姐妹"的集体主义精神和品格，是全人类共有的财富，共通的精神支点。

精神的力量

☆☆☆☆☆

"草原英雄小姐妹"的榜样魅力 40 年不衰

2004 年 7 月 23 日中国日报网站发布消

息：上了年纪的读者，您一定还记得 40 年前那个暴风雪夜，为保护集体羊群而被冻伤的那对"草原英雄小姐妹"吧！榜样的魅力 40 年不衰，它对我们今天如何开展未成年人思想道德教育具有重要启示意义。未成年人思想道德教育需要典型的引导和推动。在市场经济日益发展的今天，人们对英雄模范人物的感召力到底持什么样的态度？前不久，在"草原英雄小姐妹"命名 40 周年之际，内蒙古社会科学院在全区范围内进行了一次问卷调查："您对'草原英雄小姐妹'的事迹了解吗？她们的崇高精神还应该继续弘扬吗？"调查表明，40 年过去了，"草原英雄小姐妹"并未因时间的推移，从人们的思绪中淡去，她们的英雄事迹仍然代代传颂，影响和激励着后人。

"草原英雄小姐妹"的家乡达茂旗草原，如今已成为一个草原风光旅游区，每年有上百万人来此观光。他们中很多人都要打听龙梅和玉荣，亲自到她们战斗过的草原上感受自然风光以外的精神之光。一位河南的游客专门领着他的儿子来到龙梅和玉荣住过的房子，细心阅读有关她们事迹的报道。他说："我要教育孩子学会在困难和挫折面前勇敢坚定，不能让他们成为温室的花朵。"

《乌兰察布日报》记者王振亚是第一个采访龙梅、玉荣先进事迹的记者。40 年来，他一直保持着对英雄的崇敬之情，他后来调往郑州大学任教，先后五次采访龙梅、玉荣。1997 年，他携女儿赴内蒙古四访龙梅、玉荣。王振亚说：英雄的行为虽然是短暂的，但英雄的精神是永恒的。

同样是残疾英雄的天津市长亭假肢公司经理孙长亭，闻听天津市残联想为玉荣安装一副更为轻便的假肢时，立即表示："玉荣是我从小就崇敬的英雄，她9岁时就舍生忘死做了那么了不起的事。我愿为她免费安装最先进、最轻快的假肢，终身为她无偿服务。"经过精心制作，玉荣戴上了轻便舒适的假肢。事后，孙长亭说了这样一番话："英雄是民族的骄傲，对英雄的崇尚氛围，就是培养民族精神的土壤。"

1994年5月，杭州市12所小学的近200名优秀少先队员举行"英雄与少年"主题队会。在这个别开生面的主题队会上，少先队员们献给龙梅、玉荣的，是他们精心编排的舞蹈《草原小姐妹》。北京、上海、广东的少先队夏令营来了，东北三省的小朋友来了，陕西、甘肃的小朋友来了……听着龙梅、玉荣讲述当年的故事，许多孩子眼里闪烁着晶莹的泪花。几十年里，龙梅和玉荣可以说是最忙的校外辅导员。她们给青少年做报告，更多的时候是敞开心扉平等交流。接近过英雄小姐妹的孩子都有这样的感受：她们可亲、可敬、可信。

一位教育学专家说，龙梅和玉荣作为英雄，她们和我们平等地生活在一起，看似平凡，但她们把过去虚化的道德教育拉近到普通人的身边，更具有感召力和说服力。她们告诉孩子，并不是要学习具体的抗风雪的行为，而是要在人生的道路上如何做出正义的决定和选择。

新时代的"草原英雄小姐妹"精神

四十多年前，年仅11岁的龙梅和9岁的玉荣小姐妹，为了保护集体的羊群,在暴风骤雪的夜晚,斗风雪,战严寒,用顽强和责任,谱写出"草原英雄小姐妹"时代乐章。时隔近半个世纪,相似的一幕又出现在内蒙古草原上。2007年3月4日至5日,内蒙古集通铁路上千名党员干部,为保卫旅客人身安全、保障客货列车的安全畅通,书写了28小时极限鏖战、众志成城抗雪抢险的英雄壮歌。

据不完全统计,在这次抢险中,大板水电段冻伤7人,大板电务段冻伤1人,查布嘎车务段冻伤6人,大板工务段冻伤5人,大板公安分局查布嘎派出所冻伤1人,查布嘎工务段冻伤158人。28个小时未下火线的领工员郝志国被送到医院,医生诊断郝志国手、足为3度冻伤,个别部位为4度冻伤。也就是说他的冻伤深达皮下组织,有些部位伤及肌肉和骨骼,极有可能被植皮和截肢。正是这些轻伤不下火线的铁路职工们,用坚忍不拔的大无畏精神打赢了抗击暴风雪的抢险救灾攻坚战,他们用强烈的责任意识和爱心唱响了一曲激昂而又动人心魄的新时代赞歌。

博士生学英雄见行动

2006 年 7 月，南京的阳光依然炽热，南京中医药大学研究生院组织的"携手少数民族，共筑健康家园"南京中医药大学博士生关注内蒙医药卫生事业社会实践服务团一行 17 人踏上远征"草原英雄小姐妹"的故乡达茂旗草原。为当地农牧民送医送药，开展医疗培训活动，捐助贫困学生，弘扬社会主义荣辱观等一系列活动。我们生活的这个时代，世俗化在提速，横流的物欲填塞了我们整个心灵，充满脱俗、空灵、献身、忘我的英雄绝尘而去。时代需要英雄，更需要英雄的精神的支撑。回归草原，回归英雄的故里，踏访英雄的足迹，继承发扬草原英雄的忘我精神也是博士生服务团内蒙之行的题中之义。

旧歌翻唱感人至深

《草原小姐妹》：2001 年，著名艺人吴秀波作词作曲，高贞演唱。

在乌兰察布草原的冬季，一个大雪纷飞寒冷的天气，所有的人怀着同一种心情，等待着苏格尔家姐妹的消息。你是天真烂漫的年纪，创造着不属于你们的奇迹，在零下四十度的冰天雪地，如何走完那饥饿的七十多里。那片片拳拳的爱心，是你幼小而纯真的眼睛，在风雪中行走的龙梅和玉荣，保护着集体的羊群。那狂风吹动着单衣，冰雪侵蚀着幼小的身躯，不怕天空中翻转不定的阴云，有心中的共产主义。我亲爱的无助的草原姐妹，你们是否真的不会疲惫，是怎样的力量，是怎样的思想，去支撑那冻僵的双腿。我亲爱的无助的草原姐妹，你们是否真的不会后退，那狂风在吹，那大雪在飞，天色就越来越黑。那片片拳拳的爱心，是你幼小而纯真的眼睛，在风雪中行走的龙梅和玉荣，保护着集体的羊群。那狂风吹动着单衣，冰雪侵蚀着幼小的身躯，不怕天空中翻转不定的阴云，有心中的共产主义。我亲爱的英雄的草原姐妹，你们是否真的不会后悔，为了我们大家的人民公社，用生命作誓死捍卫。我亲爱的英雄的草原姐妹，你们是否真的不会后退，当春暖花开山川披上了新绿，冰雪化大地的泪。

《草原英雄小姐妹》：李大鹏作词作曲，赵涵竹演唱。

风雪不知道你的疼痛，羊群不知道你的冰冻，你的呼喊撕破了喉咙，瘦弱的身体抵挡着寒冬。草原上两个坚强孩童，勇敢的心在咆哮中舞动，坚持太阳照亮了天空，带着羊群回到挂念的家中。你没有退却没有逃避没有放弃，你没有慌张没有迟疑没有哭泣，年轻的生命让草原翠绿，动人故事温暖苍茫土地。

网民用诗词歌颂小姐妹

《七律·英雄赞歌之草原英雄小姐妹》，作者灌水：

自古英雄出少年，草原姐妹志犹坚。

搏风斗雪群羊护，忍冷耐饥双体煎。

黑夜漫长何所惧？信心百倍曙光传。

奇葩经折不凋落，励化熊熊火炬燃。

《草原英雄小姐妹——龙梅玉荣》，作者中华诗词网民。

草原姐妹入佳篇，回首依然记眼前。

三百羔羊迷大雪，几重风暴压柔肩。

毡靴好似冰坨动，皮袄仍当鞭哨旋。

虽说如今时代变，英雄故事永绵延。

《草原英雄小姐妹——龙梅玉荣》（藏头诗），作者巧手联云。

草色苍黄连碧空，原先晴日变隆冬。

英妮拦护羊群走，雄劲追随集体冲。

龙趾顺风跟夜白，梅容映雪扑朝红。

玉成重托伤残后，荣誉精神世敬崇。

学生饱含真情撰写读后感

《我学习的榜样》，作者徐锦然。

"笑笑，今天我们将学一首新曲子。"教我古筝的李老师对我说。我按捺不住好奇，迫不及待地问道："是什么曲子呀？"李老师说："今天我们学习的曲子名字叫《草原英雄小姐妹》。"

"哦，是不是龙梅和玉荣呀？""对，就是她们俩，你知道她们俩的故事吗？""知道一点，她们好像是为了保护羊群差点丢了性命，可是我不明白为什么说她们是英雄呢？"我有点茫然地提问，李老师饱含深情地给我讲述了"草原英雄小姐妹"的故事。

"我知道了，她们是为了保护集体的羊群，差点牺牲了，所以称她们为英雄。""是的，草原英雄小姐妹，是蒙古族人民的骄傲，也是内蒙古草原的骄傲，更是中华民族的骄傲！"老师说着，在古筝前坐定开始了弹奏。

想着李老师动人的讲述，听着那时而婉转、时而高亢的旋律，我仿佛来到了那被茫茫白雪覆盖的草原。我看到了，我看到了两个幼小的身影顶着狂风暴雪不停地奔跑、奔跑，在她们前面，是一群惊慌失措的羊群……

我的眼睛湿润了，对龙梅和玉荣姐妹俩有了深深的敬畏之情。带着这份敬意，带着这份钦佩，我认真地学习这首古筝曲。后来，我还以这首曲子参加了南京市第四届"春梅杯"少儿古筝大赛，并且荣获了儿童乙组银奖的好成绩。

我要感谢草原英雄小姐妹，是她们让我获得了荣誉；我要感谢草原英雄小姐妹，更是她们让我懂得了集体的重要性。

白云矿区精心打造精神高地

"草原英雄小姐妹"的称号和英雄事迹自内蒙古草原传遍了祖国的大江南北，成为了一代人记忆深处的独特风景。如今，为进一步激发广大青少年的爱国热情，使"草原英雄小姐妹"爱国家、爱集体的精神得到传承，白云矿区兴建了爱国主义教育基地即"草原英雄小姐妹"事迹展览馆，展览馆的建成丰富了白云矿区爱国主义教育的内涵，同时也为白云矿区发展红色旅游及提高城区文化品位搭建了良好的平台。

"草原英雄小姐妹"事迹展览馆是进行爱国主义教育的宝贵资源，它用生动的图片及实物展览进行爱国主义教育，大力弘扬民族精神，凝聚民族力量。展览馆是白云矿区打造红色旅游亮点，发展红色旅游的重要资源和重要载体。白云矿区旅游服务中心以"草原英雄小姐妹"事迹展览馆为依托，科学设计红色旅游线路，整合周边地区红色旅游资源，加大宣传推介力度，扩大社会影响，吸引广大干部群众特别是青少年到教育基地参观学习，进行各种教育活动。

岁月的长河，带不走一串串熟悉的姓名，也无法磨灭一段段感人的事迹。一夜风雪，龙梅和玉荣舍生忘死保护集体财产的故事，至今依然感动着人们。白云矿区精心设计建造的这座展览馆，作为国内独有的全面展示"草原英雄小姐妹"事迹的纪念馆，不仅肩负着弘扬草原文化的重任，更主要的是传承集体主义精神，激励越来越多的人热爱家乡、建设家乡。

后 记

英雄不老 精神永恒

龙梅和玉荣是我们心目中的英雄，龙梅和玉荣也是内蒙古人民心目中的英雄，龙梅和玉荣更是全国人民心目中的英雄。

龙梅和玉荣生于上世纪 50 年代，命名于 60 年代，参加工作于 70 年代，走上领导岗位于 80 年代，转型于 90 年代，世纪之交开始再度成为热点人物。"草原英雄小姐妹"的英勇行为和英雄故事，当时是家喻户晓，也早在我们这些六七十年代出生的一代人幼小的心灵中留下了深刻印记。但随着岁月的流逝，时代的推进，那些"八〇后"、"九〇后"、"〇〇后"对这个英雄的名字已经有些陌生了。英雄的事迹已不为多数人所熟知，相关报道也是偶尔散见于报端，歌颂英雄、宣传英雄便成为我们的一大心愿。

自 2009 年龙梅和玉荣入选"100 位新中国成立以来感动中国人物"，特别是接受了吉林文史出版社组织出版同名丛书中《草原英雄小姐妹》的撰写任务后，我们怀着十分激动的心情，追寻着英雄姐妹年轻而非凡的传奇生涯。从旧书市场翻检 60 年代出版的连环画、宣传画，从零星散乱的图书报刊、影像作品，到实地参观有关场所，到亲自走访有关知情人，特别是发动自己所带研究生直接参与查找有关材料、上网搜集一切相关资料，终于理清了英雄姐妹的人生轨迹、思想历程、成长道路、动人事迹，包括过去不甚了解的一些故事和许多感人的细节。在此基础上，经过归纳概括，终于对英雄姐妹的整体形象有了较为准确的把握。

龙梅和玉荣是北方这块黑土地养育的，从乌兰察布这片大草原走出去的两个普通牧民的孩子。她们为了保护集体财产而光荣负伤，成为一对少年英雄。她们是真正的人民英雄，是少年先锋，是时代楷模。她们是人民学习的好榜样，鼓舞和影响了几代人的成长。

当下，由于时空因素，英雄在新生代心目中的印记有些浅淡。为此，我们在搜集资料和前期走访调研环节，要求自己所带的马克思主义理论与思想政治教育专业硕士研究生全员全程参与，目的就是要为他们补上这一课，实践证明确实达到了预期收效。而身为高校教师的撰写者，我们在准备过程中也受到了深深的教育，特别是写作过程中无时不在感受着英雄的教诲，获得了许多方面的激励和启迪。她们是平常的，但她们的精神是非常的。她们现已年过半百，但她们在人民心中是永远年轻的。她们的精神是不朽的，这精神将代代相传。

一本薄薄的传记，远远不能完全展现英雄姐妹的全部人生和整体风貌，更不敢说已对英雄姐妹的思想与精神层面做出了全面而准确的揭示与定位。这只是我们的一个探索，希望能引起更多人的关注与支持，大家共同努力，早日推出一部更厚重的草原英雄小姐妹传记。

非常感谢吉林文史出版社王尔立副总编的信任，将如此重要选题的写作任务交给了我们。十分感谢长春日报社总编办资料室王芬主任和长春理工大学马克思主义学院刘应龙、刘娉婷等同学的帮助，在资料搜集、打字录入和文稿校对方面付出了大量劳动。本书写作参阅了《人民日报》、《羊城晚报》等多种报刊和多家网站所刊发的相关文章并摘录了其中的部分内容，在此特向出版者和作者一并深致谢意。特别值得一提的是，本书的传主龙梅和玉荣在百忙之中亲自审阅了书稿并提出了许多有价值的修改意见，作为年轻作者的我们对她们所给予的大力支持深表感谢。

128

/100位

新中国成立以来感动中国人物/

丁晓兵　马万水　马永顺　马恒昌　马海德　中国女排五连冠群体

孔祥瑞　孔繁森　文花枝　方永刚　方红霄　毛岸英

王　杰　王　选　王　瑛　王乐义　王有德　王启民

王进喜　王顺友　邓平寿　邓建军　邓稼先　丛　飞

包起帆　史光柱　史来贺　叶　欣　甘远志　申纪兰

白芳礼　任长霞　刘文学　刘英俊　华罗庚　向秀丽

廷·巴特尔　许振超　达吾提·阿西木　邢燕子　吴大观

吴仁宝　吴天祥　吴金印　吴登云　宋鱼水　张　华

张云泉　张秉贵　张海迪　时传祥　李四光　李春燕

李桂林和陆建芬夫妇　李素芝　李梦桃　李登海　杨利伟

杨怀远　杨根思　苏　宁　谷文昌　邰丽华　邱少云

邱光华　邱娥国　陈景润　麦贤得　孟　泰　孟二冬

林　浩　林巧稚　林秀贞　欧阳海　罗映珍　罗健夫

罗盛教　草原英雄小姐妹　赵梦桃　钟南山　唐山十三农民

容国团　徐　虎　秦文贵　袁隆平　钱学森　常香玉

黄继光　彭加木　焦裕禄　蒋筑英　谢延信　韩素云

窦铁成　赖　宁　雷　锋　谭　彦　谭千秋　谭竹青

樊锦诗

图书在版编目（CIP）数据

草原英雄小姐妹／孔德生编著. -- 长春：吉林文
史出版社，2012.5（2022.4重印）
（100位新中国成立以来感动中国人物）
ISBN 978-7-5472-1037-6

Ⅰ．①草… Ⅱ．①孔… Ⅲ．①龙梅－生平事迹－青年
读物②龙梅－生平事迹－少年读物③玉荣－生平事迹－青
年读物④玉荣－生平事迹－少年读物 Ⅳ．①K828.4

中国版本图书馆CIP数据核字（2012）第094374号

草原英雄小姐妹

CAOYUANYINGXIONGXIAOJIEMEI

编著／ 孔德生
选题策划／ 王尔立　　责任编辑／ 王尔立 李洁华 任玉茗
装帧设计／ 韩璘
出版发行／ 吉林文史出版社
地址／ 长春市福祉大路5788号　　邮编／ 130118
电话／ 0431-81629363　　传真／ 0431-86037589
印刷／ 天津海德伟业印务有限公司
版次／ 2012年5月第1版 2022年4月第4次印刷
开本／ 640mm×920mm　1/16
印张／ 9　字数／ 100千
书号／ ISBN 978-7-5472-1037-6
定价／ 29.80元